Das Anti-Stress-Kochbuch

Für meine Frau Luisa, meine Schwester Hanna & meine Eltern

Hinweise

Die Ratschläge in diesem Buch sind sorgfältig erwogen und und für gesunde Erwachsene gedacht. Dieses Buch ist kein Ersatz für kompetenten medizinischen Rat. Alle Angaben in diesem Buch erfolgen daher ohne jegliche Gewähr oder Garantie seitens des Autors. Eine Haftung des Autors und des Verlags ist ausgeschlossen.

Sollte diese Publikation Links auf Webseiten Dritter enthalten, so übernehmen wir für deren Inhalte keine Haftung, da wir uns diese nicht zu eigen machen, sondern lediglich auf deren Stand zum Zeitpunkt der Erstveröffentlichung verweisen.

DAVID MACKE

DAS ANTI-STRESS KOCHBUCH

LEISTUNGSSTARK IM HOMEOFFICE

MODULAR - SAISONAL - REGIONAL

MEYER & MEYER VERLAG

Das Anti-Stress-Kochbuch

Bibliografische Information der Deutschen Nationalbibliothek
Die Deutsche Nationalbibliothek verzeichnet diese Publikation in der Deutschen Nationalbibliografie; detaillierte bibliografische Details sind im Internet über <http://dnb.d-nb.de> abrufbar.

Auckland, Beirut, Dubai, Hägendorf, Hongkong, Indianapolis, Kairo, Kapstadt, Manila, Maidenhead, Neu-Delhi, Singapur, Sydney, Teheran, Wien

Member of the World Sport Publishers' Association (WSPA)

Gesamtherstellung: Print Consult GmbH, München

MIX
Paper from responsible sources
FSC® C084279
FSC www.fsc.org

Klimaneutral
Druckprodukt
ClimatePartner.com/12515-2011-1001

ISBN 978-3-8403-7694-8
E-Mail: verlag@m-m-sports.com
www.dersportverlag.de

INHALTSVERZEICHNIS

VORWORT

CLAUDE KÖNIG

CLAUDE KÖNIG
VORHER

CLAUDE KÖNIG
NACHHER

Als ich David kennengelernt habe, wog ich 165 Kilo, und hatte vermeintlich, wie die meisten Menschen in meiner Situation, schon praktisch alles Menschenmögliche probiert, um mein Gewicht in den Griff zu bekommen. David stand damals auch noch am Anfang seiner Karriere, seine Theorien, seine Ansätze waren alle noch in den Kinderschuhen. Zusammen mit ihm habe ich es binnen von zwölf Monaten geschafft, von 165 Kilo auf 85 herunterzukommen. Dabei haben David und ich viele der Methoden eingesetzt, die diesem Buch heute zugrunde liegen. Aber weder bei diesem Buch noch bei meinem Vorwort soll es wirklich ums Abnehmen gehen, sondern um Prinzipien, die dahinter stehen und in fast jeder Anwendung oder Praxis zum Erfolg führen werden. Es gibt drei Aspekte, die hinter dem Erfolg stehen, unserem Erfolg. David hat ein tolles Gespür für Menschen, ein Einfühlungsvermögen, das es jeder Person praktisch von Anfang an erlaubt, eine Beziehung zu ihm aufzubauen. Von einer starken persönlichen Basis wie dieser aus lässt sich viel besser arbeiten, als wenn man sich regelmäßig in einer einfachen, transaktionalen Weise begegnet. Gerade wenn jeder den Einsatz des anderen braucht und man zusammen auf ein fernes, aber erreichbares Ziel hinarbeitet. Der zweite und mit Abstand wichtigste Aspekt, der dann auch stark mit dem dritten (Sport) zusammenhängt, ist ein klares Verständnis davon, was man tut und welche Effekte diese Aktionen haben. Dabei geht es darum zu verstehen, wo ich in diesem Moment stehe, wie alle Elemente meines Alltags, Ernährung, Schlaf, Arbeit, Stress, Sport, Alltag, Wochenende etc., hineinspielen und mich als Person zu einem Punkt führen, mit dem ich nicht zufrieden bin, und deswegen aktiv den Entschluss fasse, etwas zu ändern. Hier kommt nun der Schlüsselpunkt von Davids Ansatz ins Spiel. Wenn man hinten raus nicht zufrieden ist, muss man in den einzelnen Punkten etwas ändern. Bei Gewichtsproblemen also traditionell weniger essen, Kalorien reduzieren, Diät. Hier liegt aber auch schon der Hase begraben. Änderung ist notwendig, unabdingbar sogar, ja, aber sie muss langfristig tragbar und nachhaltig sein. Eine Diät kann fast schon per Definition weder langfristig tragbar noch nachhaltig sein. David hat mir also dabei geholfen zu verstehen, warum manche der Dinge, die ich getan habe, nicht funktioniert haben und mir dann dabei geholfen, neue Ansätze und Alternativen dafür zu finden, die mich mehr zufriedenstellen als jene, die ich vorher hatte. Und die zeitgleich gesünder und tragbarer sind. Veränderungen, die man nicht herbeiführt, weil man mit einem kurzfristigen Ziel vor Augen etwas temporär ändern möchte, sondern weil man sich langfristig verbessern möchte. Als klares Beispiel in meinem Fall: Ich habe von zu Hause aus gearbeitet, mich wenig bewegt, viel Stress in der Arbeit gehabt, habe meine Deadlines und den Druck nicht gut gemanagt, und gerade auch deswegen alles in mich reingeschaufelt, was ich finden konnte. Durch David habe ich erst wirklich kochen gelernt. Heute gehört es zu meinen großen Leidenschaften, ich experimentiere gerne, weiß, welchen Effekt bestimmte Lebensmittel auf mich, meinen Körper, mein Wohlbefinden haben und habe so unglaublich viel mehr Spielraum als früher, um satt zu werden. Ich ernähre mich gesünder, leckerer und zufriedenstellender. Zu keinem Zeitpunkt waren die Änderungen ein Kampf oder eine Qual, denn weder das eine noch das andere ist langfristig tragbar oder nachhaltig. Und das ist das Grundkonzept von David Macke, die individuelle Situation analysieren, Probleme sichtbar und verständlich machen, und dann Lösungen dafür finden, die nicht nur funktionieren, sondern die sogar mehr Lust und Lebensqualität bringen. Und dies ist am Ende des Tages das, worum es in diesem Buch geht. Essen hat nicht nur mit Gewicht zu tun, es hat mit Lebensqualität zu tun, aber auch mit Stress, Alltagsbalance. Einem besseren Schlafen, einem besseren Aufwachen. Struktur. Es gibt so viele Probleme, mit denen die meisten von uns zu kämpfen haben, tagein, tagaus, die man mit einer umgestellten, nachhaltigen und tragbaren Ernährung beheben kann. Vor allem, weil Essen doch am Ende auch immer Lust bedeutet, und Lust am Leben tut jedem gut.

VIEL ERFOLG UND FREUDE MIT DER ANTI-STRESS-ERNÄHRUNG,

IHR CLAUDE KÖNIG

„ESSEN HAT NICHT NUR MIT GEWICHT ZU TUN, ES HAT MIT LEBENSQUALITÄT ZU TUN, ABER AUCH MIT STRESS, ALLTAGSBALANCE."

CLAUDE KÖNIG

GENERALISIERTE ANGSTSTÖRUNG
HOHE ENTZÜNDUNGSWERTE
PANIKATTACKEN
DEPRESSION
ADOPTION
BANDSCHEIBENVORFÄLLE
ADHS

KAPITEL 1

WARUM DIESES BUCH? STRESSBEWÄLTIGUNG AUS LEIDENSCHAFT

MAN KÖNNTE AUCH SAGEN STRESSBEWÄLTIGUNG „AUS LEIDEN GESCHAFFEN" ...

Die Bedeutung der Ernährung auf die Gesundheit und als Mittel zur Stressbewältigung habe ich unterschätzt, bis ich selbst „krank" wurde. Mit einem nächtlichen Notarzteinsatz im Jahr 2012, nachdem ich nachmittags in einem Münchner Restaurant umgekippt bin, begann das, was ich meinen persönlichen „Crash" nenne. Ich kam danach im wahrsten Sinn des Wortes für längere Zeit „nicht mehr auf die Beine". Rückblickend bin ich sehr dankbar für die Erkenntnisse, die ich daraus gewinnen konnte. Sie haben mich persönlich geprägt und gestärkt. Meine eigene Transformation und meine Erfahrungen bereichern heute meine Arbeit als Coach und Trainer und haben mich persönlich weitergebracht. Natürlich hätte ich aber auch gerne diese Erkenntnisse gehabt, ohne die Schmerzen, die Angst und den mühsamen Gesundungsprozess zu durchleben. Meine Symptome ähnelten einem chronischen Erschöpfungssyndrom, dazu kamen Panikattacken, oft mehrmals am Tag und in der Nacht. Meine Leistungsfähigkeit blieb monatelang auf einem Tief. Mit jedem Arztbesuch wurde deutlicher, dass es ein stressbedingter Crash war. In der Praxis eines Professors in Stuttgart für Endokrinologie (Hormonspiegel und Stoffwechsel) und Psychosomatik wurden bei mir, neben erhöhten Entzündungswerten, die schlechtesten Stresswerte (u. a. Cortisol, BDNF, Serotonin, Adrenalin) seiner Praxishistorie gemessen. So lag beispielsweise der BDNF-Wert, ein Indikator für Depression und Angststörungen, bei 0,3 ng/ml. Je höher der Wert, desto besser. Der Referenzbereich liegt laut Institut für medizinische Diagnostik zwischen 18,3 und 31,4 ng/ml. Zur Besprechung der Untersuchungsergebnisse saß ich in meinem jämmerlichen Zustand im Behandlungsraum, die Tür ging auf und der Professor sagte: „Herr Macke, Sie haben nichts außer zu viel Stress, Angststörungen und einer Depression!" Ich war damals 24 Jahre alt! Die mir gestellten Diagnosen waren:

- **MAJOR (SCHWERE) DEPRESSION**
- **PANIKATTACKEN**
- **GENERALISIERTE ANGSTSTÖRUNG**
- **HOHE ENTZÜNDUNGSWERTE**
- **POSTTRAUMATISCHES BELASTUNGSSYNDROM**

Fassungslos – denn zwei Wochen vorher ging es mir doch vermeintlich prächtig – wenn ich auf die Frühwarnzeichen gehört hätte, wäre es anders gewesen – fragte ich nur: „Und was soll ich jetzt tun?" Seine Antwort: „Nehmen Sie Antidepressiva." Auf meine Fragen, ob es Alternativen gibt und ob ich selbst etwas tun kann, kam nur: „Nein." Noch nie hatte ich mich so hilflos und verzweifelt gefühlt wie in dieser Situation. Keine Ahnung, keinen Plan, keine Kraft und aus meiner damaligen Sicht abgestempelt als „depressiv" und „psychosomatisch". Aber, dieser Moment war für mich rückblickend entscheidend. Keinesfalls wollte ich „Opfer" dieser Diagnosen und Symptome sein und ich sagte mir: „Das war es noch nicht – ich habe zwar noch keine Ahnung wie, aber ich werde einen anderen Weg aus dieser Krise finden!" Trotzdem habe ich widerwillig für wenige Monate Antidepressiva genommen. Parallel dazu begann ich mich mit dem Thema Ernährung, Stress und Lifestyleoptimierung zu beschäftigen, um meinen Zustand besser zu verstehen und Faktoren zu finden, durch die ich selbst Einfluss nehmen konnte. Wichtig ist mir an dieser Stelle, deutlich zu machen, dass ich keinesfalls davon abrate, Antidepressiva zu nehmen oder abzusetzen! Ich warne auch eindrücklich vor dem Gedanken, „Burn-out" sei mit Gemüse und Obst zu behandeln. Aber es gibt oft mehr Optionen, als es im ersten Moment scheint und sehr oft gibt es auch eine Lösung. Und einerlei, welche Art von Herausforderung in Ihrem Leben ansteht – mit einer guten Ernährungsweise wird es Ihnen mit Sicherheit leichter fallen, diese erfolgreich zu bewältigen. Ich lade Sie ein, Ihren Blick zu erweitern von gemessenen Werten und Diagnosen hin zu einer ganzheitlichen Analyse Ihres Lifestyles. Das war für mich der erste und nicht einfache Schritt: Bedingungslos zu akzeptieren, wohin der bisherige Weg geführt hat und das eigene Leben schonungslos einer genaueren Analyse zu unterziehen:

- **MEIN CHRONISCHER STRESS**
- **MEINE ART DER ERNÄHRUNG**
- **MEINE „SCHLECHTEN GEWOHNHEITEN" WIE ALKOHOLKONSUM ODER SCHLAFMANGEL**
- **MEIN ADHS**

Schnell wurde mir klar: Durch meine Lebensweise und meinen Lebensweg war keine gute Basis für Gesundheit und Vitalität mehr da. Vielleicht fragen Sie sich jetzt ungläubig: Wie kann jemand mit 25 Jahren schon Stress erlebt haben? Bei „Stress" denken die meisten Menschen zunächst an beruflich herausfordernde Situationen, viele Termine in kurzer Zeit und hohe Anforderungen durch Beruf und Familie. Das ist auch vollkommen richtig. Zu Stressfaktoren gehören jedoch auch belastende Erfahrungen, Krankheiten im Leben und „schlechte Gewohnheiten", die sich im Laufe der Zeit kumulieren und irgendwann zu Problemen werden. Bei mir waren das im Besonderen:

- **MEINE ADOPTION ALS SÄUGLING.**
- **MEINE DIAGNOSE ADHS, ALS ICH 14 JAHRE ALT WAR, DIE EINIGE JAHRE MIT AMPHETAMIN BEHANDELT WURDE.**
- **MEIN ALKOHOLKONSUM, SEIT DER PUBERTÄT HATTE ICH MEHR ALKOHOL KONSUMIERT ALS GUT FÜR MICH WAR.**

MEIN STRESSRUCKSACK DES LEBENS

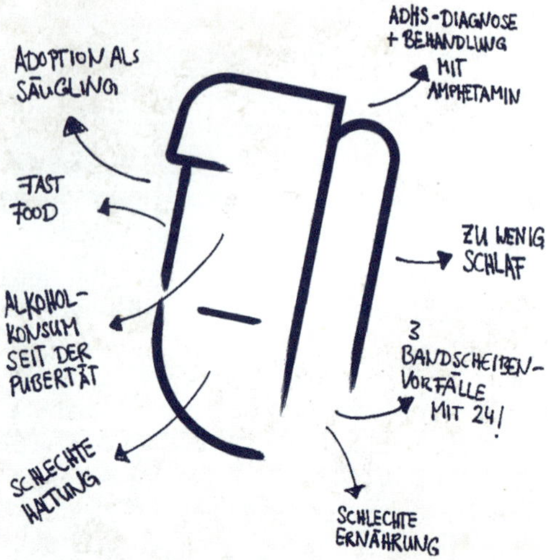

- **MEINE ERNÄHRUNGSWEISE MIT VIEL FAST FOOD UND OHNE EIGENES KOCHEN.**
- **MEINE SCHLECHTE HALTUNG, DIE ZU DREI BANDSCHEIBENVORFÄLLEN GEFÜHRT HAT.**

In meinem „Stressrucksack" hatte sich in Kombination mit den Herausforderungen des Alltags, nebenberufliches Studium, Führungskraft in einem Gesundheitszentrum, zu vieles angehäuft, sodass ich ihn nicht mehr gut tragen konnte. Niemand kennt den „Rucksack", den der andere trägt. Manchmal wünsche ich mir, man könnte den Rucksack des anderen sehen. Ich bin mir sicher, dass es die Empathie, ein gutes Miteinander und das Verständnis füreinander steigern würde. Den eigenen „Rucksack" mit kritischem Blick zu betrachten, erfordert Mut und macht Sinn, wenn man selbst bereit ist, etwas zu verändern. Mein Leidensdruck war so groß, dass 2012 der Zeitpunkt war, die Themen anzugehen, um eben nicht wahnsinnig zu werden, wie es Albert Einstein in einem Zitat formuliert hat:

„Die Definition von Wahnsinn ist, immer wieder das Gleiche zu tun und andere Ergebnisse zu erwarten."

Eine der größten Stellschrauben war die Umstellung meiner Ernährung. Der Stellenwert von Ernährung auf die körperliche und mentale Leistungsfähigkeit beeindruckt mich bis zum heutigen Tage. Wenn man aber bedenkt, dass wir im Laufe eines mit 85 Jahren kalkulierten Lebens, bei drei Mahlzeiten am Tag circa 93.000 Mahlzeiten in unserem Leben einnehmen und wir die Wahl haben, 93.000-mal „schlecht" oder eben den Großteil davon in hoher Qualität zu uns nehmen, wird es deutlich klarer, welchen Stellenwert die Ernährung auf uns hat. Und bereits innerhalb von acht Wochen nehmen wir 168 Mahlzeiten zu uns, die unsere Botenstoffe im Gehirn optimieren können, unseren Blutzucker stabilisieren können, unsere Darmflora verändern, Entzündungslevel reduzieren, die wir entweder vor einem Bildschirm sitzend zu uns nehmen können, oder wir aber auch 168-mal die Möglichkeit haben, uns gut zu ernähren und Schritt für Schritt „gute Gewohnheiten" in unserer Ernährung zu etablieren. Und genau das ist das Ziel dieses Buchs. Dass Sie erkennen, dass Ernährung viel mehr Einfluss auf unser Wohlergehen hat, als wir uns oft ausmalen können und dass Sie leistungsfähig sind und sich im eigenen Körper und Kopf wohl fühlen, dass Sie stärker sind als Ihr Stressrucksack! Bitte sehen Sie dieses Buch nicht als theoretisches, wissenschaftliches Konstrukt, sondern als interaktiven Leitfaden und Anti-Stress-Guide mit einfachen und effektiven Hilfestellungen, Tipps, Inspirationen und leckeren Rezepten. Die Umsetzung des Konzepts hat nicht nur mir, sondern auch etlichen Kundinnen und Kunden in der Praxis weitergeholfen, teilweise Leben verändert und in Einzelfällen wahrscheinlich sogar gerettet. Ich bin immer wieder fasziniert davon, wie oft es möglich ist, Menschen aus schwierigen Lebensphasen durch relativ „einfache" Umstellungen im Bereich Ernährung und Lifestyle ein neues Lebensgefühl mit mehr Energie und Leichtigkeit zu geben.

WARUM MEINE ICH, IHNEN HELFEN ZU KÖNNEN?

Durch meine eigene Transformation habe ich es am eigenen Leib erlebt, wie sich Körper, Geist und Seele innerhalb von einigen Monaten spürbar, messbar und sichtbar verändert haben. Und ich erlebe tagtäglich bei mir und meinen Kunden, wie es möglich ist, mit den richtigen Stellschrauben bei der Ernährung die eigene Hirnchemie durch Ernährung positiv zu verändern, seiner Wunschfigur näher zu kommen und leistungsfähig bei der Arbeit und den alltäglichen Herausforderungen zu sein – gerade auch im Homeoffice. Neben meinem Masterstudium (M.A.) im Bereich Prävention und Gesundheitsmanagement habe ich zahlreiche Fortbildungen in den Bereichen Bewegung, Ernährung, Achtsamkeit, Psychologie und Stressbewältigung besucht. Mit

„DIE DEFINITION VON WAHNSINN IST, IMMER WIEDER DAS GLEICHE ZU TUN UND ANDERE ERGEBNISSE ZU ERWARTEN."

ALBERT EINSTEIN

diesem Wissen und der schrittweisen Umstellung meines Lebens bin ich mittlerweile sehr leistungsfähig und inzwischen seit über fünf Jahren als Personal Trainer mit meinem Konzept „Achtsamkeitsbasiertes Personal Training“ und Coach für Stressbewältigung in München selbstständig. 2017 bin ich im Rahmen des NEO AWARDS – dem Oscar der Gesundheitsbranche – in einer Kategorie unter die drei besten Personal Trainer in Deutschland, Österreich und der Schweiz gewählt worden. Dieses Leistungs- und Energieniveau ist nur möglich, weil ich mir gute Ernährungsgewohnheiten aufgebaut habe. Ohne Askese, ohne Dogmatik und ohne Perfektionismus – aber mit einer hervorragenden Basis. Denn nur mit einer guten „Lebensbasis“ ist es möglich, fit, gesund und zufrieden durchs Leben zu kommen, ohne auf die „essenziell wichtigen Sünden“ zu verzichten.

Die Idee für dieses Buch ist aus meiner tagtäglichen Arbeit mit Menschen entstanden, die hohe private, berufliche und eigene Anforderungen und Ansprüche haben. Das Arbeiten von zu Hause ist nicht erst seit Corona ein Megatrend in der Wirtschaft. Um auch im Homeoffice leistungsfähig zu bleiben und in dieser neuen Situation körperlich und mental auf höchstem Niveau zu bestehen, braucht es gute Gewohnheiten. Beim Essen vollwertig, abwechslungsreich, schnell und lecker zu kochen, ist für viele eine große Herausforderung. Das *Anti-Stress-Kochbuch* wird Sie genau dabei unterstützen und es Ihnen leicht machen. Ich zeige Ihnen, wie Sie innerhalb von kurzer Zeit, ohne Hungern, ohne Kalorienzählen, ohne Verzicht auf Kohlenhydrate, in einem einfachen, lebenslänglich praktikablen und pragmatischen Ernährungskonzept, Stress durch Ernährung reduzieren können und wie Sie auch im Homeoffice leistungsfähig bleiben und gleichzeitig Ihrer Wunschfigur Schritt für Schritt näher kommen mit einem universell tauglichen, pragmatischen Grundkonzept, einfach umsetzbaren Prinzipien, einer leichten Anti-Stress-Formel, verschiedenen Baukästen für morgens, mittags und abends. Beste Qualität durch den Fokus auf Lebensmittel in biologischer Qualität, regionale Superfoods und verschiedene modulare Rezepte, die es einfach machen, sich abwechslungsreich und saisonal auf höchstem Niveau zu ernähren.

DENN NUR MIT EINER GUTEN „ERNÄHRUNGSBASIS“ IST ES MÖGLICH, FIT, GESUND UND ZUFRIEDEN DURCHS LEBEN ZU KOMMEN, OHNE AUF DIE „ESSENZIELL WICHTIGEN SÜNDEN“ ZU VERZICHTEN.

BASISPYRAMIDE

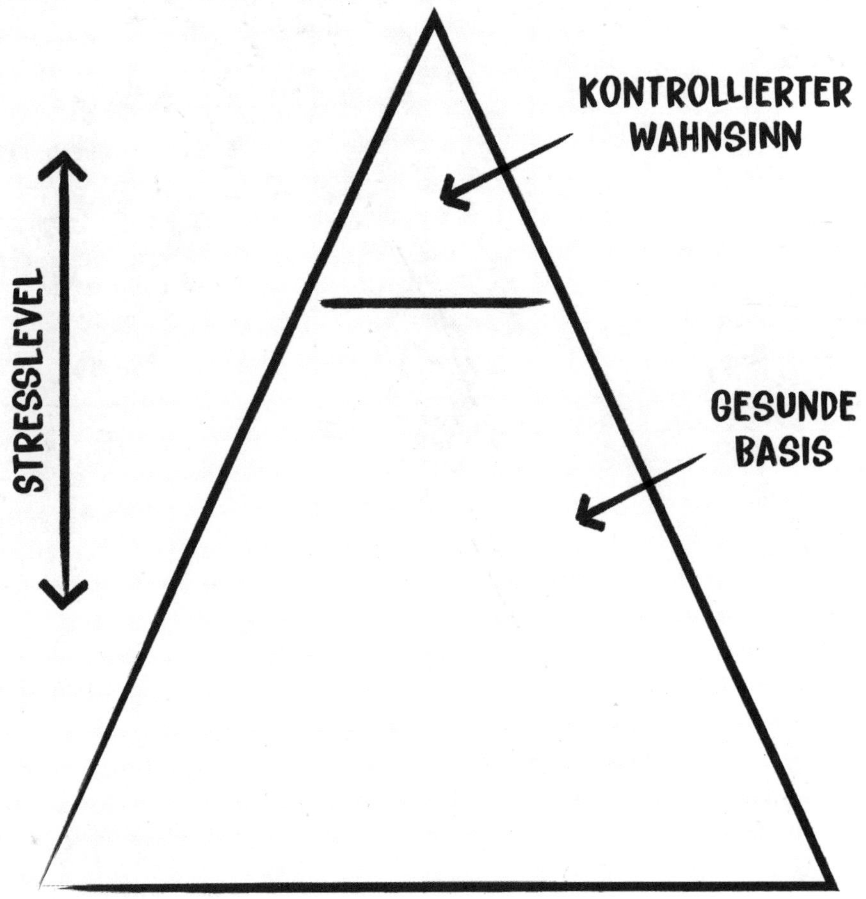

FRÜHWARNZEICHEN / ALARMSIGNALE UND SYMPTOME VON CHRONISCHEM STRESS

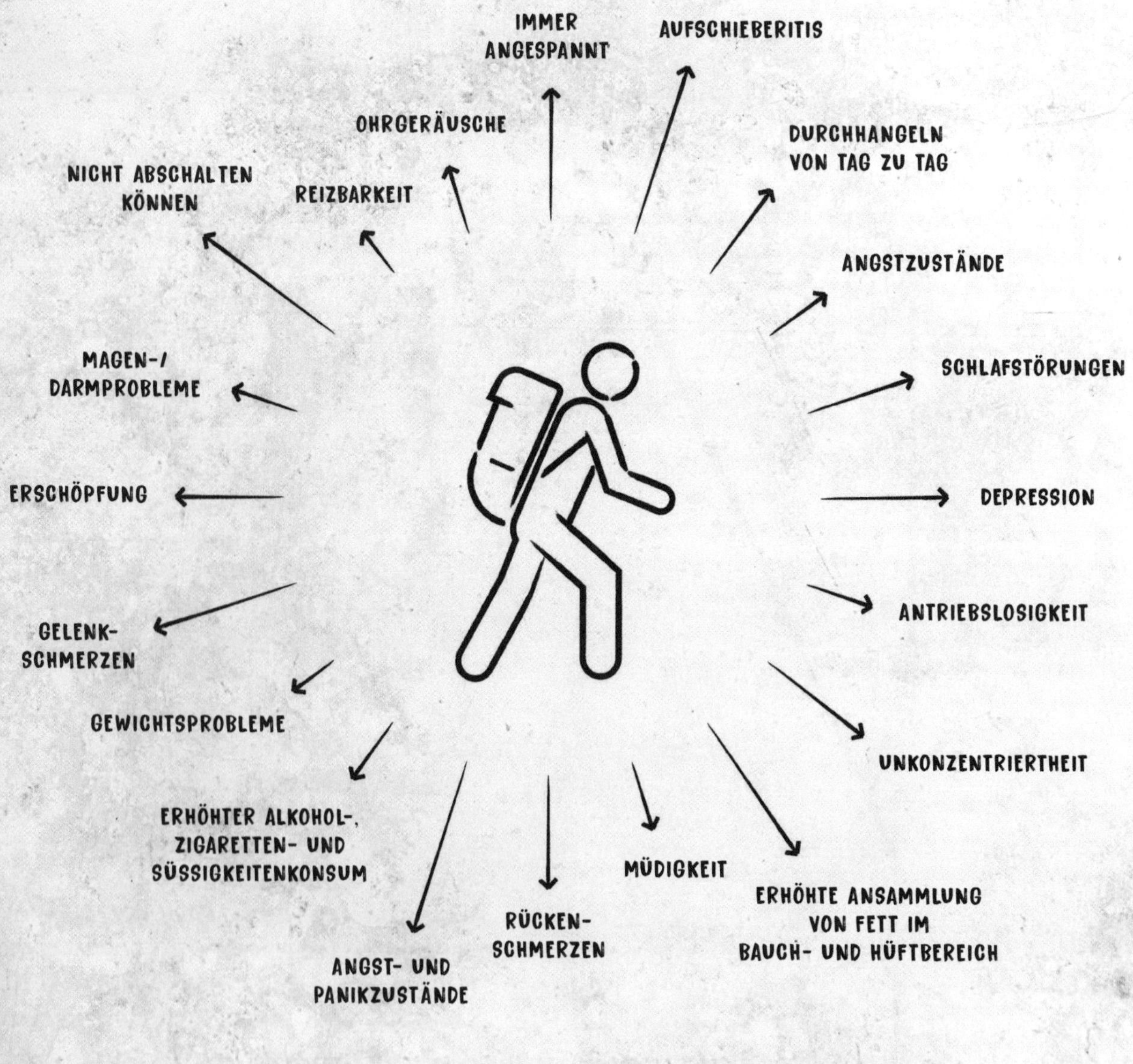

KAPITEL 2

STRESS ALS TEIL UNSERES LEBENS – HOMEOFFICE ALS NEUE HERAUSFORDERUNG

Ein Blick auf die aktuellen Zahlen zeigt, dass viel mehr Menschen unter Stress leiden und sich nach mehr Wohlbefinden, mehr Energie, besserem Schlaf, Ruhe und Entspannen sehnen, als man im ersten Moment denkt. 87 % der Deutschen fühlen sich gestresst und jeder zweite Deutsche glaubt, von Burn-out bedroht zu sein. (Pronove BKK, 2018) Zu den am häufigsten genannten Auswirkungen und Symptomen von Stress und Burn-out in der Studie gehören:

- **RÜCKENSCHMERZEN**
- **ANHALTENDE MÜDIGKEIT/ERSCHÖPFUNG**
- **INNERE ANSPANNUNG**
- **ANTRIEBSLOSIGKEIT**
- **SCHLAFSTÖRUNGEN**
- **MAGEN-DARM-PROBLEME**
- **DEPRESSION UND**
- **ANGSTZUSTÄNDE**

Krankschreibungen, die auf Stress und Burn-out zurückzuführen sind, haben in den letzten Jahren drastisch zugenommen. Die Krankheitstage aufgrund psychischer Erkrankungen haben seit 2004 um mehr als 70 % zugenommen. Eine Stresstudie der TK belegt, dass sechs von zehn Menschen in Deutschland der Meinung sind, dass ihr Leben in den letzten Jahren stressiger geworden ist. Die Weltgesundheitsorganisation WHO bewertet Stress als eine der größten Gefahren des 21. Jahrhunderts. Objektiv betrachtet, leben wir trotz Pandemie in einem der reichsten Länder dieser Erde, mit einem der besten Gesundheits- und Sozialsysteme der Welt und mit nahezu unendlicher Auswahl an Lebensmitteln und Konsumgütern. Eigentlich könnte es uns gut gehen.

WARUM IST DAS IM EINZELFALL OFT NICHT SO?

Die Gründe für unseren Stress, die sogenannten Stressoren liegen also in anderen Bereichen, der Soziologieprofessor Hartmut Rosa sieht drei Gründe dafür, dass Stress ein fester Bestandteil unserer Lebenswirklichkeit und unserer Gesellschaft ist:

- **TECHNISCHE BESCHLEUNIGUNG (Z. B. DIGITALISIERUNG/ BESCHLEUNIGUNG VON FERTIGUNGS-, DIENSTLEISTUNGS- UND KOMMUNIKATIONSPROZESSEN …)**
- **BESCHLEUNIGUNG DES LEBENSTEMPOS (Z. B. STÄNDIGER TERMINDRUCK, STÄNDIGE ERREICHBARKEIT, ÜBERSTUNDEN, IMMER MEHR UNTERBRECHUNGEN, IMMER HÖHERE ANFORDERUNGEN AN SICH SELBST, EIGENER PERFEKTIONISMUS, IMMER HÖHERER ANTEIL VON ESSEN AUSWÄRTS, UNTERWEGS ODER LIEFERDIENSTEN, FEHLENDER RHYTHMUS)**
- **BESCHLEUNIGUNG DES SOZIALEN WANDELS (HOMEOFFICE, VEREINBARKEIT VON FAMILIE UND BERUF, VERÄNDERUNG FAMILIÄRER STRUKTUREN, MOBILITÄT …)**

Hinzu kommen coronabedingte Ursachen für psychische Probleme, die ganz unterschiedlicher Natur sind: Angst vor der Zukunft, Beziehungsprobleme, Homeoffice und oder Homeschooling, Quarantäne, weniger Kontakt zu Freunden oder der Familie. Psychiater und Psychotherapeuten gehen davon aus, dass alle Altersgruppen, alle Schichten, Frauen und Männer, davon betroffen sein können. Punktueller Stress ist für uns Menschen evolutionär überlebenswichtig und auch nicht schlecht. Stress ist gut und wichtig. Ohne Stress könnten wir keine Höchstleistungen vollbringen. Jedoch brauchen wir das Wechselspiel zwischen Anspannung und

Entspannung im Leben. Was uns krank macht, uns im Alltag permanent gereizt macht, unsere Lebensfreude beeinträchtigt und gesundheitlich gefährlich ist, ist chronischer Stress. Dauerstress kann vielfältige Auswirkungen haben in individuell unterschiedlichen Ausprägungen. Und vermutlich kennen Sie auch das eine oder andere der Frühwarnzeichen, Alarmsignale und Symptome. Vielleicht beschäftigen Sie Gedanken wie: Wie kann ich meine verschiedenen Rollen (Beruf, Familie, Freizeit) miteinander vereinbaren und gut erfüllen? Wie kann ich diese (Lebens-)Taktung noch jahre- oder gar jahrzehntelang durchhalten? Sie sehnen sich nach einem Lebensmodell, das dabei hilft, entspannt, gut und möglichst lange zu leben, beruflich wie im Privatleben? Für die Bewältigung von Stress gibt es eine Vielzahl von Ansätzen (Bewegung, Entspannungstechniken, Achtsamkeit, Meditation….) Immer mehr in den Fokus kommt inzwischen die Bedeutung der Ernährung als Mittel zur Stressbewältigung. Aus eigener und leidvoller Erfahrung kann ich bestätigen, dass Ernährung ein wesentlicher Faktor ist, um eine gute Basis für Gesundheit und Leistungsfähigkeit zu schaffen. Eine Grundlage, um beruflich wie privat den Herausforderungen gewachsen zu sein. Das von mir entwickelte Konzept in diesem Anti-Stress-Kochbuch bewährt sich bei mir selbst und seit über fünf Jahren auch bei meinen Kundinnen und Kunden. Alarmsignale unseres Körpers haben die Funktion, uns wachzurütteln und zu erkennen, dass wesentliche Bedürfnisse, z. B. nach Gesundheit, nach Lebensfreude, nach Ruhe, gerade zu kurz kommen und Aufmerksamkeit fordern. Je früher Sie ihnen Aufmerksamkeit schenken und sie ernst nehmen, desto leichter kommen Sie wieder ins Gleichgewicht Aber wie starten Sie nun Ihren Weg zu mehr Leistungsfähigkeit, Gelassenheit und Resilienz im Leben und speziell im Homeoffice?

Der Spruch von Konfuzius: „Jeder Weg beginnt mit einem ersten Schritt" ist für das Anti-Stress-Kochbuch genau die richtige Herangehensweise. Dieses Buch ist als Hilfe für Sie gedacht, über die Ernährung Stress zu reduzieren und dadurch Schritte hin zu mehr Wohlbefinden und mehr Lebensfreude zu gehen. Fangen wir an! Jede Veränderung startet mit einer Bestandsaufnahme der IST-Situation, also des eigenen Stressrucksacks, den Sie tragen, Ihren aktuellen Ernährungsmustern und Ihren Zielen. Nehmen Sie einen Stift und Papier zur Hand oder schreiben Sie direkt ins Buch. Stellen Sie Ihr Handy auf Flugmodus und Ihren Timer auf 10 Minuten. Schreiben Sie in den nächsten Minuten auf, was Sie aktuell alles körperlich und psychisch belastet, was Sie stresst, ärgert, belastet oder Sie traurig macht.

- **SCHREIBEN SIE AUF DER LINKEN SEITE, UNTER DEM RUCKSACK, ALS ERSTES DIE BELASTENDEN DINGE AUF, DIE IN DER VERGANGENHEIT PASSIERT SIND, DIE NICHT VERÄNDERT WERDEN KÖNNEN, SONDERN BEI DENEN SIE NUR IHREN UMGANG UND IHRE RESILIENZ SO STÄRKEN KÖNNEN, DASS DIESE „STEINE" IM RUCKSACK ERTRÄGLICHER, KLEINER ODER SOGAR AUFGELÖST WERDEN. STRESSOREN, AUF DIE SIE NICHT UNMITTELBAREN EINFLUSS HABEN (Z. B. KRANKHEITEN, SCHWIERIGKEITEN AM ARBEITSPLATZ, VERLUST VON ANGEHÖRIGEN, TRAUMATISCHE ERLEBNISSE …).**

„JEDER WEG BEGINNT MIT EINEM ERSTEN SCHRITT."

KONFUZIUS

DAS GLÜCKSSCHMIEDPRINZIP®

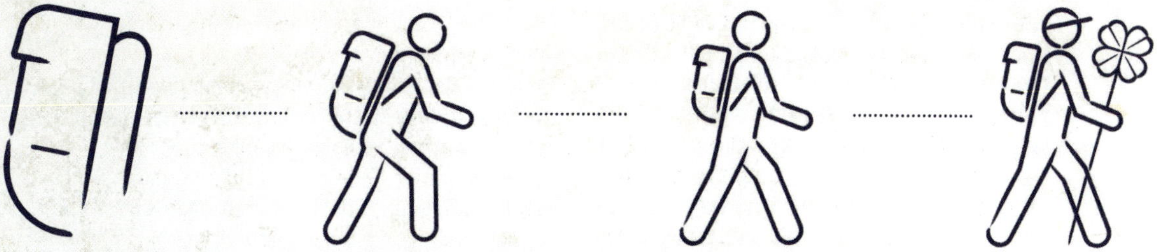

1 STRESS-RUCKSACK	2 AKTUELLE KOMPENSATIONSSTRATEGIE	3 WÜNSCHE UND ZIELE	4 WARUM?

- SCHREIBEN SIE IN DER ZWEITEN SPALTE DIE DINGE AUF, DIE SIE MACHEN, UM ZU „KOMPENSIEREN" UND DIE SIE VIELLEICHT GLEICHZEITIG AUCH NOCH STRESSEN. VERHALTENSWEISEN, DIE EIGENTLICH VERMEIDBAR WÄREN UND AUF DIE SIE DIREKTEN EINFLUSS HABEN (Z. B. SCHLECHTE ERNÄHRUNG, MEDIENKONSUM, ALKOHOLKONSUM, ZU SPÄT INS BETT GEHEN, ZU WENIG AUSGLEICH DURCH SPORT, DISZIPLINLOSIGKEIT ...).
- SCHREIBEN SIE IN DER DRITTEN SPALTE AUF, WELCHEN KÖRPERLICHEN, GEISTIGEN UND SEELISCHEN ZUSTAND SIE SICH FÜR IHR LEBEN WÜNSCHEN UND SCHREIBEN SIE DIE ZIELE AUF, DIE SIE ERREICHEN WÜRDEN, WENN SIE MEHR KRAFT, ENERGIE UND WOHLBEFINDEN HÄTTEN. (Z. B. BESSERE ERNÄHRUNG, MEHR SPORT, DISZIPLIN, OFFENE KLÄRUNGSGESPRÄCHE, NEUE STRUKTUREN SCHAFFEN, HOBBIES AUSBAUEN ODER REAKTIVIEREN, EINE NEUE SPRACHE LERNEN, GUTE GEWOHNHEITEN AUFBAUEN ...).
- SCHREIBEN SIE IN DER VIERTEN SPALTE AUF, WARUM SIE ÜBERHAUPT DIESES BUCH GEKAUFT HABEN UND WARUM SIE ETWAS VERÄNDERN WOLLEN. WAS WÄRE DIE KONSEQUENZ, WENN ES SO WEITERLÄUFT WIE BISHER?

Schauen Sie nun, ob sich Ihr aktuelles Leben und Ihre Wunschvorstellungen decken. Es könnte sein, dass der Ist-Zustand mehr oder weniger weit von Ihrer Wunschvorstellung entfernt ist. Natürlich ist nicht jedes Problem über eine bessere Ernährung zu lösen. Eine gute Ernährungsweise jedoch gibt Ihnen massive Energie und Leistungsfähigkeit, um Dinge voranzubringen. Und die Umsetzung einer neuen Ernährung hat einen weiteren großen Vorteil. Sie lehrt uns Selbstwirksamkeit, was einer der wichtigsten Faktoren bei jeglichen Mitteln zur Stressbewältigung ist. Wir ändern etwas in unserem Leben. Wir nehmen die positive Veränderung wahr und schon sind wir nicht mehr Opfer der Umstände, sondern der Gestalter unseres Lebens. Leben statt gelebt werden! Selbstwirksamkeit und Flow funktionieren immer dann, wenn unser Denken, Fühlen und Handeln im Einklang ist. Ist das nicht der Fall, spricht man von einer sogenannten kognitiven Dissonanz.

„ICH BIN MOTIVIERT, ABZUNEHMEN (FÜHLEN), ICH WEISS GENAU, WAS ICH TUN MUSS (DENKEN) UND TROTZDEM ESSE ICH ABENDS SCHOKOLADE AUF DER COUCH (HANDELN)."

DIE TRIADE

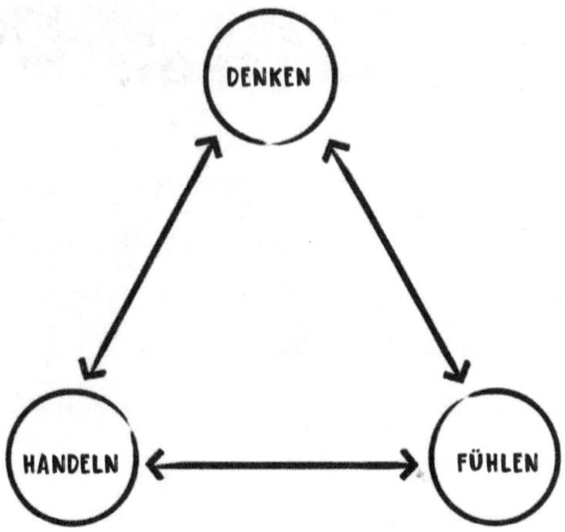

ALTE GEWOHNHEITEN VS. NEUE GEWOHNHEITEN

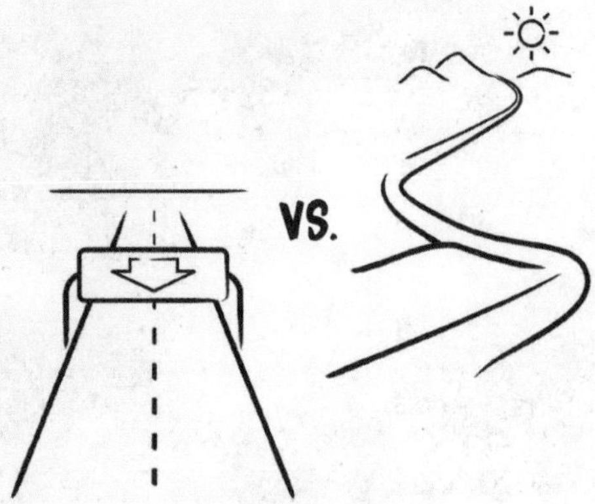

Ein Beispiel, wie Denken, Fühlen und Handeln in der Triade zusammenspielen (oder auch nicht) sind Süßigkeiten in unserer Ernährung. Wenn unser Handeln nicht in Einklang steht mit unseren Werten, entstehen emotionale Dysbalancen. Wir sind mit uns selbst nicht im Einklang. Vermutlich kennen Sie innere Dialoge wie diesen: Die Stimme des Wunsches nach Veränderung sagt abends auf der Couch: „Heute bleibe ich stark und verzichte auf Süßigkeiten." Die Stimme der Gewohnheit (Stimme des inneren Saboteurs) will sagen: „Aber ich bin gerade so fertig und habe so Lust darauf, ich brauche jetzt einfach Zucker, habe ich mir doch verdient." Merken Sie? Die erste Stimme steht für Ihren Wunsch nach Veränderung. Sie steht für die Ihnen wichtigen Werte Gesundheit und Disziplin. Die zweite Stimme möchte Sie zum Leichten animieren, so wie gewohnt. Auch wenn sie weiß, dass es nicht so gut für Sie ist. Welcher Stimme Sie folgen, liegt in Ihrer Verantwortung. Ihr eigener innerer Kompass (die Stimme des inneren „Helden") weiß genau, was Ihnen langfristig guttut. Wenn Sie der Stimme folgen, die Leichtigkeit und Gewohnheit will, machen Sie das nicht, weil sie zur mehr eigenem Bauchfett oder Krankheit beitragen oder selbst krank werden möchten, sondern weil Ihr Stressrucksack durch persönliche Idealvorstellung, berufliche Anforderung, familiäre Konflikte, Beziehungsprobleme, finanzielle Schwierigkeiten, Digitalisierung, Taktung des Lebens ohne Rhythmus und so weiter eventuell so groß geworden ist, dass Ihnen die Achtsamkeit gegenüber sich selbst, anderen und der Umwelt gegenüber durch die Last Ihres Stressrucksacks an einigen Stellen verloren gegangen ist. Wenn Sie etwas verändern wollen hin zu mehr gesunder Basis und ein wenig kontrolliertem Wahnsinn, dann beginnen Sie jetzt, Dinge anders zu machen als bisher. Für Ihr Gehirn heißt das: „Umlernen". Das hört sich nach Anstrengung an. Ich kann auch nicht versprechen, dass es Ihnen am Anfang immer leichtfallen wird. Die gute Nachricht aber ist:

Je öfter Sie neue Wege gehen, hin zu einem Leben für Ihre Gesundheit, Ihre Leistungsfähigkeit und Ihre Werte, desto selbstverständlicher und leichter werden sie mit der Zeit. Die Dysbalancen werden weniger und Sie energievoller, entspannter und zufriedener. Ich möchte Sie in Ihrer Ernährung mit diesem Buch inspirieren ohne Druck und Perfektion nach dem Motto

„SOWOHL ALS AUCH" STATT „ENTWEDER-ODER".

Keine Askese, kein Zwang. Damit die Veränderung auch Freude macht! Meine Vision ist es, Sie zu einem Ernährungsmodell zu inspirieren, das Ihnen hilft, mit Freude und Genuss gut und ausgeglichen und Ihren Werten entsprechend zu leben. Ihr Stressrucksack wird anfangs nicht leer werden, aber mit guten Ernährungsgewohnheiten werden Sie eine gesunde Basis schaffen, um Ihren Stressrucksack gut tragen zu können. Stress zu bewältigen, Dinge voranzubringen und nicht nur im Homeoffice leistungsfähig zu sein.

KAPITEL 3

GESUNDE ERNÄHRUNG ALS ZENTRALE HERAUSFORDERUNG IM HOMEOFFICE

In der Zeit seit meinen „Crash“ 2012 habe ich neben meinem Masterstudium in Prävention und Gesundheitsmanagement über 200 Fortbildungstage im Bereich Stressbewältigung, Ernährung, Performance und Psychologie und Biohacking gemacht. Vieles ist bereits evidenzbasiert, einiges zu jung, um durch Langzeitstudien belegt zu sein. Ich war bei Mentoren, die vegan leben, bei Ausbildungen, die vegetarische Ernährungsweisen angepriesen haben, ich war bei Fortbildungen, die Paleoernährung bzw. ketogene Ernährung lehren und sogar ayurvedischen Köchen und Sterneköchen habe ich über die Schulter geschaut. Gemäß dem Sprichwort „Jeder ist seines Glückes Schmied“ habe ich bei der Ernährung mein eigenes Glücksschmiedprinzip entwickelt. Diese Ernährung macht mich stark und leistungsfähig und unterstützt mich generell, besonders aber in herausfordernden Zeiten, durch die „guten Gewohnheiten“ in der Ernährung, um meinen Stressrucksack gut tragen zu können und mit neuer Stärke Stress bewältigen zu können. Und – sie bewährt sich nicht nur für mich, sondern in inzwischen über 5000 Trainingseinheiten und Coachings auch für meine Kunden. Die Anzahl erschienener Bücher zum Thema Ernährung ist auf einem Rekordhoch und die Zahl der Kochshows ist ebenfalls noch nie so hoch wie heute gewesen. Dokumentationen über Essen, Landwirtschaft, Tierhaltung sind bei jedem Streamingdienst verfügbar. In Blogs, Podcasts und vielem mehr können wir permanent Informationen abrufen. Trotz des hohen Interesses am Thema Ernährung und all der Informationen sind die Ernährungsgewohnheiten vieler Menschen ungesund und die Zahlen ernährungsbedingter Erkrankungen sind auf Rekordniveau: Übergewicht, Diabetes, Alzheimer, Herz-Kreislauf-Erkrankungen, Gicht, Krebs, Allergien, Auto-Immunerkrankungen …

Die Pandemie hat in vielen Bereichen unseres Lebens als eine Art Beschleuniger agiert. Dass das Thema Homeoffice ein Megatrend wird, hat sich in den letzten Jahren durch die Flexibilisierung des Arbeitsmarktes und die immer fließenderen Grenzen zwischen privat und Berufsleben schon länger abgezeichnet. Dass Homeoffice durch die Corona-Pandemie für Millionen von Arbeitnehmern, Selbstständigen und Unternehmern innerhalb von Wochen und Monaten zu einem real gewordenen Dauerzustand geworden ist, konnte natürlich niemand ahnen. Experten sind sich einig, dass Homeoffice auch über das Ende der Pandemie hinaus in vielen Firmen ein Modell für die Zukunft bleiben wird. Ob Homeoffice eher Chance oder notwendiges Übel ist, ist für jeden Betroffenen anders. Zu unterschiedlich sind die Art der Tätigkeit, familiäre Situation, Gegebenheiten in der Wohnung oder im Haus. Einigkeit besteht bei allen Beteiligten darüber, dass es eine große Herausforderung ist, den Anforderungen an Job, Familie und den eigenen Bedürfnissen gerecht zu werden, ohne dauerhaft gestresst zu sein. Eine zentrale Herausforderung im Homeoffice ist das Thema gesunde Ernährung. In der Theorie ist Homeoffice für Ihre Ernährung eine riesige Chance, wenn Sie Ihre Mahlzeiten selbst zubereiten. Sie wissen zu einhundert Prozent, was in Ihrem Essen ist. Sie bestimmen die Menge und Qualität. Sie haben im Vergleich zur Kantine oder Restaurants die Möglichkeit, frisch und ohne Nährstoffverlust zu kochen. Laut der Studie „Gesundes Homeoffice“ der MHplus Krankenkasse und der Süddeutschen Krankenversicherung (SDK) geben 37 % der Studienteilnehmer an, während des Arbeitens von zu Hause aus ungesünder zu essen. Von den Arbeitnehmern mit Kindern im Haushalt räumten dies 40 % ein und bei den Arbeitnehmern zwischen 18 und 34 Jahren ist es sogar rund jeder Zweite (49 %). In Umfragen geben zwischen 20 und 40 %

der Befragten an, während der Corona-Zeit zugenommen zu haben. Teilweise fünf Kilo und mehr, obwohl bereits 53 % der Deutschen vor der Corona-Pandemie übergewichtig gewesen sind. Wie eine Studie des Zentralinstituts für Seelische Gesundheit zeigt, stieg der Alkoholkonsum bei rund einem Drittel der Erwachsenen seit der Corona-Krise. Lieferdienste wie *Delivery Hero* haben seit Beginn der Pandemie in Europa ihren Umsatz um knapp 50 % gesteigert. Tendenz steigend. Ich habe nichts gegen Lieferdienste, nur sind Sie als „Basisernährung" nicht geeignet. Besonders im Hinblick auf die Qualität der Inhaltsstoffe und die exorbitante Müllproduktion. Und auch der Absatz von Tiefkühlpizza hat 2020 einen neuen Höhepunkt erreicht, wie der Branchenverband Deutsches Tiefkühlinstitut in Berlin der *Deutschen Presse-Agentur* mitteilte. In der Praxis stellt gesunde Ernährung im Homeoffice also einen großen Teil aller Betroffenen vor Herausforderungen. Was sind die Gründe für eine „schlechtere Ernährung" im Homeoffice? Laut Süddeutscher Krankenkasse sind es folgende Gründe:

- **FEHLENDE RÄUMLICHE TRENNUNG VON PRIVAT- UND ARBEITSBEREICH**
- **ZWISCHENDURCH ESSEN: 55 % DER BEFRAGTEN SAGEN, DASS SIE ZU HAUSE ZWISCHENDURCH MEHR ESSEN.**
- **UNREGELMÄSSIGERES ESSVERHALTEN JENSEITS DER FIRMENKANTINE UND FREI EINTEILBAREN ESSENSZEITEN**
- **MANGELNDE PLANUNG DER NAHRUNGSZUBEREITUNG**
- **WENIG STRUKTUR IM HOMEOFFICE-ALLTAG**

Die negativen Effekte und Zusammenhänge von Ernährung auf die Gesundheit von Körper, Geist, Seele und Umwelt sind sehr gut erforscht: Und die Corona-Pandemie zeigt, dass ernährungsbedingte Erkrankungen, ein schlechtes Immunsystem und Übergewicht erhebliche Risikofaktoren für einen schweren Verlauf sind.

Mein Fazit ist:
Es ist Zeit für eine Veränderung!

Und mit dem Lesen dieses Buchs haben Sie den ersten Schritt in Richtung Veränderung gemacht. Um eine wirkliche Verhaltensänderung für sich zu gestalten, ist es wichtig, sich zunächst mit all seinen Verhaltensmustern, Dingen die gelungen und auch nicht gelungen sind, selbst bedingungslos zu akzeptieren, ohne sich zu verurteilen. Gleichzeitig ist es wichtig, sich bewusst zu machen, dass die bisherigen Ernährungsgewohnheiten zum aktuellen IST-Zustand geführt haben. Über welche „ungesunden" Gewohnheiten beim Essen im Homeoffice sprechen wir? Wie ist Ihr Ist-Zustand?

**MEIN FAZIT IST:
ES IST ZEIT FÜR EINE VERÄNDERUNG!**

MEINE AKTUELLEN ERNÄHRUNGSGEWOHNHEITEN

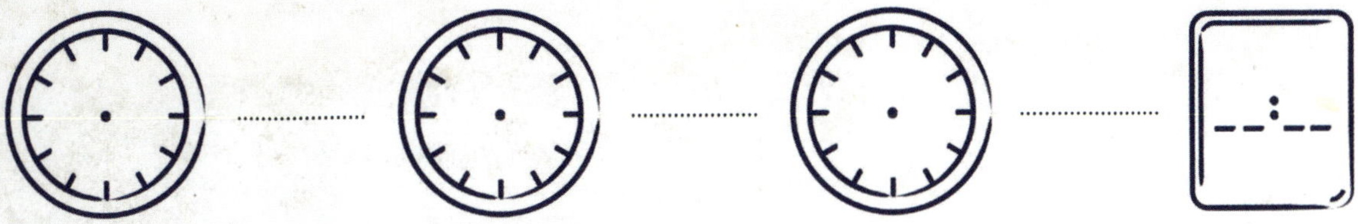

MORGENS

MITTAGS

ABENDS

SNACKS

- 1.
  ZU VIELE LEBENSMITTEL MIT EINFACHEN KOHLENHYDRATEN (WEISSBROT, NUDELN...)
- 2.
  ZU VIELE GETRÄNKE MIT ZUCKER ODER SÜSSSTOFFEN (APFELSCHORLE, ZUCKER IM KAFFEE...)
- 3.
  ZU VIEL KAFFEE (MEHR ALS 3 TASSEN)
- 4.
  ZU VIELE MAHLZEITEN PRO TAG (MEHR ALS 3)
- 5.
  ZU WENIG OBST UND GEMÜSE (MÖGLICHST ZU JEDER MAHLZEIT)
- 6.
  ZU VIEL SÜSSIGKEITEN
- 7.
  ZWISCHENDURCH SNACKEN
- 8.
  „ÜBERFRESSEN" UND „FOODKOMA"
- 9.
  ZU VIELE FERTIGPRODUKTE
- 10.
  ZU HÄUFIG LIEFERSERVICE
- 11.
  ZU WENIG VARIATION UND ABWECHSLUNG ENTSPRECHEND DER JAHRESZEITEN
- 12.
  ZU VIEL ALKOHOL
- 13.
  ZU VIELE ZIGARETTEN
- 14.
  ZU VIEL COMFORT FOOD (FAST FOOD)
- 15.
  ZU WENIG ROTATION IN DER ERNÄHRUNG
- 16.
  ESSEN VOR EINEM BILDSCHIRM
- 17.
  ESSEN BEIM ARBEITEN
- 18.
  ESSEN BEIM TELEFONIEREN
- 19.
  ZU OFT „FAST FOOD"
- 20.
  ZU WENIG BIO-LEBENSMITTEL
- 21.
  ZU WENIG REGIONALE LEBENSMITTEL
- 22.
  ZU WENIG SAISONALE LEBENSMITTEL
- 23.
  ZU VIEL FLEISCH
- 24.
  FRÜHSTÜCK UNABSICHTLICH AUSLASSEN
- 25.
  ZU SCHNELLES ESSEN

Kreuzen Sie für sich die Punkte an, die bei Ihnen zutreffen. Seien Sie ehrlich zu sich. Je mehr Klarheit wir über unsere aktuellen Gewohnheiten haben, desto gezielter können wir diese Punkte angehen. Ich bin davon überzeugt, dass Sie bei den Punkten, die für Sie relevant sind, genau wissen, ob es zu viel ist, ohne dass wir jeden Punkt mit wissenschaftlichen Definitionen hinterlegen müssen. Ihr innerer Kompass weiß genau, welche Punkte relevant sind. Nehmen Sie einen Stift, stellen Sie Ihr Handy auf Flugmodus und Ihren Timer auf acht Minuten. Schreiben Sie Ihre Ernährungsgewohnheiten auf. So wie sie zurzeit noch sind.

- TRAGEN SIE IN DER ERSTEN SPALTE EIN, WIE IHRE AKTUELLE FRÜHSTÜCKSROUTINE UNTER DER WOCHE UND AM WOCHENENDE AUSSIEHT. TRAGEN SIE AUCH DIE UNGEFÄHRE DURCHSCHNITTLICHE UHRZEIT IHRER ERSTEN MAHLZEIT UNTER DER WOCHE EIN.
- TRAGEN SIE IN DER ZWEITEN SPALTE EIN, WAS IHRE AKTUELLEN VARIANTEN BEI DER MITTAGSESSENAUSWAHL SIND UND WANN SIE CIRCA ZU MITTAG ESSEN.
- TRAGEN SIE IN DER DRITTEN SPALTE EIN, WIE IHR ABENDESSEN NORMALERWEISE AUSSIEHT UND UM WIE VIEL UHR SIE ABENDS CIRCA ESSEN

- **TRAGEN SIE IN DER LETZTEN SPALTE EIN, WAS SIE ALS SÜSSIGKEITEN ODER SNACKS TAGSÜBER ESSEN UND TRAGEN SIE IN DIE DIGITALUHR ÜBER DER SPALTE EIN, WIE VIELE SNACKS SIE AM TAG CIRCA ZU SICH NEHMEN.**
- **TRAGEN SIE ALS LETZTES EIN, WAS SIE NORMALERWEISE ZU DEN MAHLZEITEN UND SNACKS TRINKEN. BITTE TRAGEN SIE JEGLICHE FLÜSSIGKEITSZUFUHR INKLUSIVE WASSER, SÄFTEN, KAFFEE, TEE, ALKOHOL, MILCH & CO INKL. UNGEFÄHREN MENGENANGABEN EIN.**

Vielleicht haben Sie während der Reflexionsübung schon erste Erkenntnisse über Ihre Ernährungsmuster gewonnen. Im theoretischen Teil helfen Ihnen die Erläuterungen der Grundlagen meiner Anti-Stress-Ernährung zu verstehen, wie bestimmte Ernährungsweisen Ihr Wohlbefinden beeinflussen. Im praktischen Teil finden Sie Rezepte und Anleitungen, die Ihnen helfen, neue Gewohnheiten zu entwickeln, die Ihrer Gesundheit und nicht nur im Homeoffice eine hohe Leistungsfähigkeit sichern. Und wenn Sie nach der Bestandsaufnahme beschließen, etwas an Ihrer Ernährung zu verändern, geht es weiter mit dem Ausprobieren – ohne Druck und Stress. Warum ist das Anti-Stress-Ernährungskonzept als Mittel zur Stressbewältigung so wertvoll? Vier Bereiche profitieren durch die Anti-Stress-Ernährung:

- **KÖRPER:**
  IHR GEWICHT, IHRE BLUTPARAMETER, IHRE VERDAUUNG, IHR SCHLAF... WERDEN VERBESSERT -> DIE LEISTUNGSFÄHIGKEIT STEIGT.

- **GEIST:**
  SIE ENTWICKELN NEUE MUSTER, ÜBERNEHMEN FÜR IHRE GESUNDHEIT DIE VERANTWORTUNG UND ERLEBEN SELBSTWIRKSAMKEIT.

WERTVOLL FÜR KÖRPER-GEIST-SEELE-UMWELT

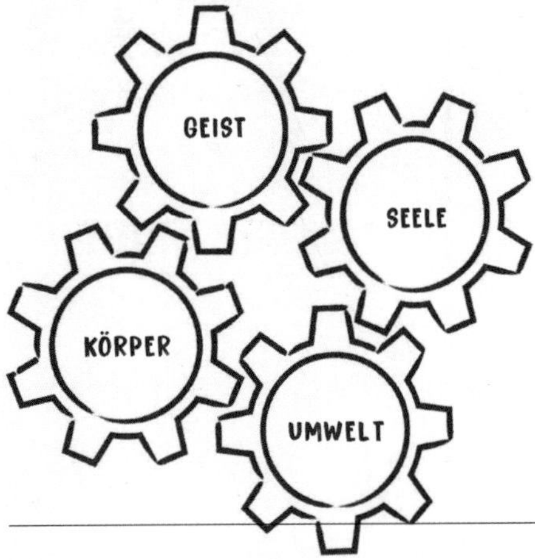

- **SEELE:**
  SIE WERDEN RUHIGER UND GELASSENER, ERHÖHEN IHRE DANKBARKEIT UND ACHTSAMKEIT.

- **UMWELT:**
  IHRE NEUEN ERNÄHRUNGSGEWOHNHEITEN VERRINGERN IHREN ÖKOLOGISCHEN FUSSABDRUCK. SIE TRAGEN DAZU BEI, DEN KLIMAWANDEL POSITIV ZU BEEINFLUSSEN, UM IHREN KINDERN UND ENKELKINDERN EINEN PLANETEN ZU HINTERLASSEN, AUF DEM SIE GUT LEBEN KÖNNEN.

WIE WOLLEN SIE LEBEN?

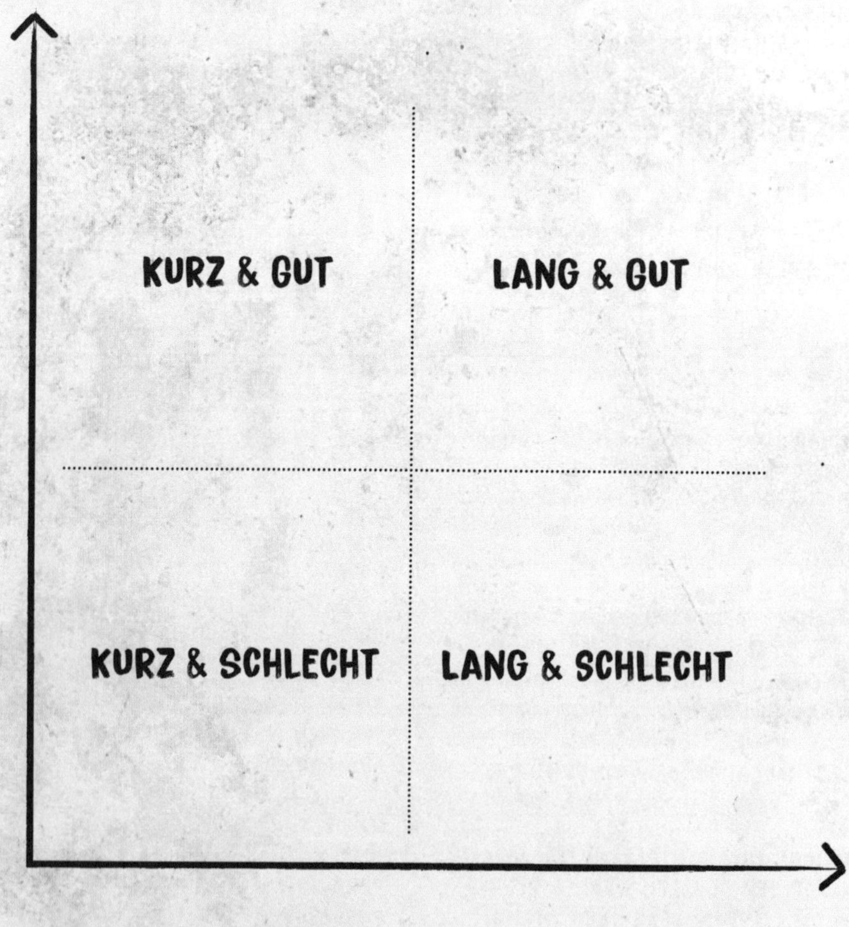

KREUZEN SIE FÜR SICH AN, WIE SIE LEBEN WOLLEN.
MEIN MOTTO IST: AUF NICHTS VERZICHTEN UND TROTZDEM FIT, GESUND UND VITAL SEIN – MEHR „SOWOHL ALS AUCH“, STATT „ENTWEDER ODER“.

DAS ZIEL:
MIT EINER GESUNDEN BASIS UND „KONTROLLIERTEM WAHNSINN“ LANGE UND GUT LEBEN.

KAPITEL 4

DIE ANTI-STRESS-ERNÄHRUNG, 80 % DISZIPLIN UND 20 % AUSNAHMEN

Ziel des Anti-Stress-Kochbuchs ist es, Schritt für Schritt einen gesunden, nachhaltigen und leistungsfördernden Lebensstil in den Alltag zu implementieren. Quasi einen „LOHAS" – Lifestyle of Health and Sustainability. Tag für Tag können Sie Ihre Ernährung umstellen. Und schnell werden Sie merken, wie Sie zum Gestalter Ihrer Gesundheit werden und automatisch mehr Energie haben. Das Anti-Stress-Ernährungskonzept ist an jedem Ort praktikabel, nicht nur im Homeoffice- Alltag. Wichtig ist, mein Ernährungskonzept reicht vielleicht nicht für eine Bodybuilderbühne, aber um attraktiv auszusehen und sich im eigenen Körper wohlzufühlen, reicht es allemal. Und mein persönliches Credo ist sowieso: Ein Sixpack für die Seele in einem gesunden Körper ist deutlich wichtiger als das lupenreine Sixpack am Bauch. Je höher Ihre private, berufliche oder sportliche Performance ist, desto stabiler sollte Ihre gesunde Ernährungsbasis sein. Dann sind auch Ausnahmen möglich, sodass Sie hin und wieder auch „über die Stränge" schlagen können, ohne schlechtes Gewissen und ohne Rückschritte im Wohlbefinden. „Kontrollierter Wahnsinn"– so hat es einer meiner Mentoren einmal genannt. Das kann ein Tag am Wochenende sein, die Zeit über Weihnachten oder ein Kurzurlaub mit Freunden. Wichtig ist, sich danach wieder diszipliniert zu ernähren und die neu erarbeiteten, „guten Gewohnheiten" wieder aufzunehmen. So müssen Sie auf nichts verzichten, auch nicht auf Süßigkeiten oder Alkohol ... Wahrscheinlich haben Sie bei der Frage, wie Sie leben möchten, angekreuzt: lang und gut. Ansonsten haben Sie hier nochmal die Gelegenheit, darüber nachzudenken. Natürlich ist das Ernährungskonzept im Anti-Stress-Kochbuch keine Garantie für ein langes Leben. Aber es gibt statistische Wahrscheinlichkeiten in Bezug auf den Zusammenhang von Gesundheit und Lifestyle. Meine Erfahrungen in der Gesundheitsbranche zeigen mir immer wieder, welch starken Einfluss der Lebensstil auf die körperliche und mentale Gesundheit hat. Oft wird vergessen, dass sich Probleme im Laufe des Lebens kumulieren. Mein Motto ist: auf nichts verzichten und trotzdem fit, gesund und vital sein – „sowohl als auch" – statt „entweder -oder" eben. Meine Erfahrung bei mir selbst, meinen Kunden, Familie und Freunden ist, dass im Regelfall, je nach Stresslevel circa 80 % Disziplin in der Ernährung ausreichen und 20 % Ausnahmen (kontrollierter Wahnsinn) möglich sind. Je mehr Stressoren Sie haben, desto wichtiger ist die gute Basis. Dazu ist es wichtig, folgendes Schaubild zu verinnerlichen:

BASISPYRAMIDE

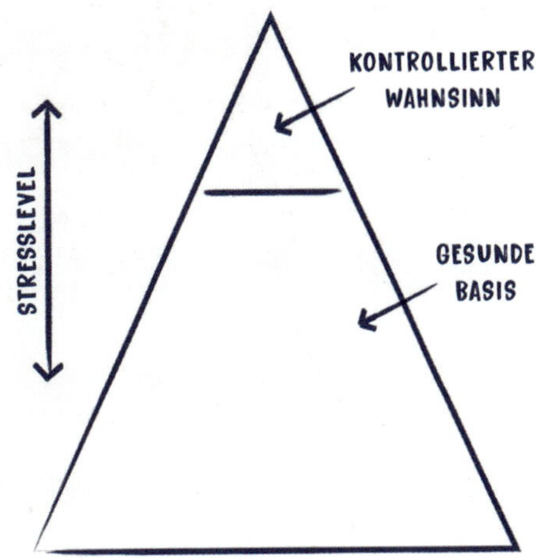

Mein Ziel und das meiner Kunden sind 300 Top-Ernährungstage im Jahr, 300 Tage mit einer herausragenden Ernährung. Auf den Monat gerechnet, sind das knapp 25 Tage und in der Woche sind es fünfeinhalb Tage. Für den Körper und die Gesundheit ist es deutlich stressiger, sehr regelmäßig kleine, „ungesunde“ Gewohnheiten auszuhalten, als ab und zu die eine oder andere größere Sünde auszubügeln. Deshalb empfehle ich, die Anti-Stress-Ernährung etwa 5,5 Tage pro Woche diszipliniert einzuhalten, um eine hervorragende Basis aufzubauen oder zu erhalten. Natürlich ist es möglich, auch 100 % danach zu leben. Für mich aber gehören auch Ausnahmen dazu, zum Feiern, Schlemmen und ohne Nachdenken zu genießen. Denn auch Unachtsamkeit ist eine Form der Achtsamkeit und wichtig, um kein „Zwangsverhalten“ aufzubauen. Natürlich macht es keinen Sinn, 300 Tage im Jahr diszipliniert zu sein, um dann 65 Tage komplette Disziplinlosigkeit folgen zu lassen. Ich denke, die Kernbotschaft wird deutlich. Viele Ernährungskonzepte auf dem Markt scheitern daran, dass sie komplett an Lebenswirklichkeit und Art und Weise, wie viele Menschen leben wollen, vorbeigeht. Vermutlich wie Sie auch, mag ich keine Askese und keinen Verzicht. Aber ich will wie Sie auch gesund sein und eine hohe Performance und Leistungskraft im Alltag haben. Mit meiner Anti-Stress-Ernährung ist beides pragmatisch miteinander verbunden. Das Konzept kann leicht und nachhaltig umgesetzt werden, gerade weil Schlemmen und Genießen regelmäßig möglich sind.

EFFEKTE DER ANTI-STRESS-ERNÄHRUNG AUF KÖRPER, GEIST, SEELE UND UMWELT

Bevor ich Ihnen im nächsten Kapitel die Prinzipien, Theorie und Umsetzung der Anti-Stress-Ernährung, inklusive Rezepten, Schritt für Schritt erläutere, zeige ich Ihnen, welche positiven Effekte ich selbst durch die die Anti-Stress-Ernährung erlebt habe. Wie meine Kunden, so können auch Sie mit der Umsetzung der ASE diese positiven Wirkungen erleben. Neben den Effekten auf Körper, Geist und Seele hat sich mein Ernährungsverhalten gleichzeitig positiv auf die Umwelt ausgewirkt, weil ich regionaler, saisonaler, biologischer und bewusster esse, ohne dabei zu vergessen, dass Dogmatismus und Perfektionismus fehl am Platz sind. Die Besonderheit dieses Ernährungskonzepts ist die positive Wechselwirkung eines jeden Bausteins auf die drei anderen Bausteine und einerlei, ob Sie die Anti-Stress-Ernährung für sich umsetzen wollen, weil Ihnen …

- **WICHTIG IST, DASS SIE SICH IN IHREM KÖRPER WOHLFÜHLEN UND SIE EINEN GESUNDEN, ENTZÜNDUNGSFREIEN KÖRPER HABEN WOLLEN.**
- **IHNEN WICHTIG IST, DASS SIE LEISTUNGSFÄHIG, KONZENTRIERT, MENTAL FIT UND ENERGIEGELADEN IM ALLTAG SIND…**
- **ODER OB SIE DIESES BUCH GEKAUFT HABEN, WEIL IHNEN SELBSTACHTSAMKEIT UND EIN GUTER UMGANG MIT SICH SELBST WICHTIG IST ….**
- **ODER OB IHNEN ETHISCHE GRÜNDE WICHTIG SIND: WENIGER MASSENTIERHALTUNG, MEHR TIERSCHUTZ, WENIGER TRANSPORTWEGE UND MEHR ÖKOLOGISCHE LANDWIRTSCHAFT UND DAMIT MEHR KLIMASCHUTZ, DAMIT WIR KOMMENDEN GENERATIONEN EINEN LEBENSWERTEN PLANETEN HINTERLASSEN.**

Jedes Ihrer Motive für die Anti-Stress-Ernährung wird sich positiv auf alle Bereiche auswirken.

DIE AUSWIRKUNGEN DER ANTI-STRESS-ERNÄHRUNG AUF DEN KÖRPER

„Der Mensch ist, was er isst." Diesen Spruch von Ludwig Feuerbach aus dem Jahr 1850 kann ich aus meiner eigenen Erfahrung nur bestätigen. Auch Sie werden das erleben: Die Veränderungen durch die Umstellung auf die Anti-Stress-Ernährung sind spürbar, messbar und sichtbar.

Meine Erfahrungen bei der Umsetzung des Anti-Stress-Ernährungskonzepts waren:

- ZUERST STIEG MEINE KÖRPERLICHE LEISTUNGSFÄHIGKEIT: MEINE BEWEGLICHKEIT, DURCH EINE VERBESSERTE NÄHRSTOFFVERSORGUNG DER FASZIEN – NACH DREI BANDSCHEIBENVORFÄLLEN BIN ICH SEIT JAHREN SCHMERZFREI. DIES HAT ZU MEINER AUFRECHTEREN HALTUNG BEIGETRAGEN. MITTLERWEILE GIBT ES EINEN FACHBEGRIFF DAFÜR, SICH GESCHMEIDIG ZU ESSEN, MAN SPRICHT VON SOGENANNTEM „FASZIENFOOD".
- EINE DURCH CHRONISCHE SCHULTER- UND ELLBOGENENTZÜNDUNGEN VERURSACHTEN SCHMERZEN NAHMEN AB UND SIND NACH UND NACH GANZ VERSCHWUNDEN.
- DURCH SCHMERZFREIE GELENKE UND MEHR KÖRPERLICHE LEISTUNGSFÄHIGKEIT KONNTE ICH OHNE NEUE VERLETZUNGSUNTERBRECHUNGEN SPORTLICH AKTIV SEIN.
- DADURCH VERBESSERTE SICH MEIN STOFFWECHSEL UND ICH BAUTE MUSKULATUR AUF UND KÖRPERFETT, VOR ALLEM BAUCHFETT, AB.
- MEIN IMMUNSYSTEM UND MEINE ZELLABWEHR – DADURCH AUCH DIE ANFÄLLIGKEITEN FÜR ERKÄLTUNGEN, GRIPPE ODER ANDERE KRANKHEITEN – HAT SICH DURCH DEN AUFBAU EINER GUTEN DARMFLORA UND DURCH EINE GUTE ZELLATMUNG DER MITOCHONDRIEN SPÜRBAR VERBESSERT, WAS FÜR MICH ALS SELBSTSTÄNDIGEN UND NATÜRLICH AUCH FÜR SIE WICHTIG IST, MÖGLICHST WENIGE BIS KEINE KRANKHEITSTAGE IM JAHR ZU HABEN.
- LEISTUNGSFÄHIGKEIT ÜBER DEN TAG OHNE MITTAGSTIEF, WIE ICH ES VON FRÜHER KANNTE. MITTLERWEILE MACHE ICH AB UND AN EINEN MITTAGSSCHLAF, WEIL ICH WILL UND NICHT, WEIL ICH MUSS.
- SCHNELLERES EINSCHLAFEN, DURCHSCHLAFEN UND FIT WIEDER AUFWACHEN.
- ICH SELBST HABE DIE EFFEKTE DER ERNÄHRUNGSUMSTELLUNG AUCH ÄUSSERLICH WAHRGENOMMEN: AN MEINER ZU AKNE NEIGENDEN HAUT, AN MEINEN VIEL FESTEREN FINGERNÄGELN, AN MEINER FIGUR, DIE ATHLETISCHER GEWORDEN IST UND AM BAUCHFETT.

Die positiven Effekte der Anti-Stress-Ernährung waren nicht nur körperlich spürbar, sie sind auch durch Messungen nachgewiesen: Meine Blutwerte haben sich seit 2012 stark verbessert und dann nachhaltig stabilisiert. Verbesserung aller Drüsenfunktionen, bessere (Mikro-)Nährstoffversorgung und Aufnahme samt Reduktion von Entzündungen. Selbst die Medikamente meiner seit der Kindheit diagnostizierten Schilddrüsenunterfunktion konnte ich stark verringern. Mein Stresslevel hat sich objektiv messbar verändert. Meine Herzfrequenzvariabilitätswerte haben sich deutlich verbessert. Eine Messung der Herzfrequenzvariabilität kann eine Aussage machen über das aktuelle Stresslevel. Vorsicht: Nicht verwechseln mit dem Puls oder der Herzfrequenz.

Und auch bei meinen Kunden hat die Anti-Stress-Ernährung zahlreiche messbare und spürbare Fortschritte erzielt.

„NACH JAHRELANGEN ERFAHRUNGEN MIT FITNESSSTUDIOS UND DIVERSEN VERSUCHEN, MEIN GEWICHT ZU REDUZIEREN, WURDE MIR DAVID MACKE EMPFOHLEN. ZWEIMAL PRO WOCHE STARTEN WIR SEIT DREI JAHREN DAS COACHING. WAS FÜR MICH PRIMA IST, DA ICH WENIG ZEITVERLUST HABE. DER GESAMTHEITLICHE ANSATZ DES TRAININGS, VON ELEMENTEN AUS FUNKTIONELLEM TRAINING, IST FÜR MICH PERFEKT UND HAT MEIN LEBEN SEHR POSITIV BEEINFLUSST UND MICH AUCH MENTAL GESTÄRKT! MIT SEINER HILFE UND UNTERSTÜTZUNG KONNTE ICH INNERHALB EINIGER MONATE MEIN GEWICHT SCHON UM 10 KG REDUZIEREN. DADURCH HABEN SICH AUCH MEINE BLUTWERTE WESENTLICH VERBESSERT!!!! ICH KANN DIE ZUSAMMENARBEIT NUR JEDEM EMPFEHLEN!"

CLAUS NEULEIB, GESCHÄFTSFÜHRER ARNO DESIGN GMBH

„FÜR MICH WAR DER GRÖSSTE GAMECHANGER BEI MEINEM ERFOLGREICHEN PROJEKT, UNTER 100 KILOGRAMM ZU KOMMEN, MORGENS, MEIN VERMEINTLICH GESUNDES MÜSLI MIT MILCH, DURCH EIN PROTEINHALTIGES FRÜHSTÜCK ZU ERSETZEN. MIT DEM ERGEBNIS, DASS ICH SEITDEM DEUTLICH WENIGER HEISSHUNGER ÜBER DEN TAG HABE."

**JON BRIGHT,
MANAGER**

WELCHE MARKER KÖNNEN WIR MESSEN, UM DEN IST-ZUSTAND UNSERES KÖRPERS ZU ANALYSIEREN?

Falls Sie die Veränderungen nicht nur selbst spüren, sondern die Verbesserung Ihrer Werte auch verfolgen möchten, können Sie folgende Werte vor der Umstellung bestimmen lassen und Ihre Transformation nicht nur sichtbar, sondern auch messbar machen. Der Trend, weg von einer rehabilitativen Medizin, hin zu Prävention im Gesundheitssektor, wird sich in den nächsten Jahren durch die Digitalisierung und ein Umdenken immer weiter fortsetzen. Bis heute kann ich nicht verstehen, wieso bei der überragenden Mehrzahl der Menschen in Deutschland das Auto öfter im TÜV oder der Inspektion ist, als man selbst. Und auch der Wert der eigenen Gesundheit ist im Vergleich zu anderen Ausgabenposten vergleichsweise klein.

Je früher Dysbalancen erkannt werden, desto gezielter kann über Lifestyle-Optimierungen wieder ein Gleichgewicht geschaffen werden und der Antrieb wiederhergestellt werden. Aus eigener Erfahrung kann ich sagen, dass mir meine Fortbildungen, Coachings, Psychologen und Mentoren relativ wenig genutzt hätten, wenn ich aufgrund meines damaligen Lifestyles weiterhin schlechte Blut- und Stresswerte gehabt hätte. Natürlich müssen Sie nicht alle Parameter messen lassen, vielleicht entwickeln Sie aber für sich Interesse daran und wollen wissen, wie es in Ihnen aussieht. Warum ist es wichtig, bestimmte Parameter zu messen? Ganz einfach – weil wir sonst raten müssen: „If you don't test it – you guess it."

GÜRTEL, HOSE, SPIEGEL UND HALTUNG

Die wohl einfachsten und ehrlichsten Marker für die Entwicklung unserer Figur und Gesundheit sind Gürtel, Hose und Spiegel. Geht der Gürtel nicht mehr zu und zwickt die Hose, ist das ein Indikator, dass es in die falsche Richtung geht. Die Lösung besteht meist nicht darin, einen neuen Gürtel und eine neue Hose zu kaufen. Das Spiegelbild ist ebenfalls ein guter Indikator für Spannung im Körper. Schauen Sie sich von vorne und von der Seite an. Wie ist Ihre Körperhaltung. Gerade und aufrecht, nach vorne gebeugt oder aufrecht? Die Harvard-Psychologin Dr. Amy Cuddy präsentierte in ihrem 2012 veröffentlichen TED-Talk Studienergebnisse zum Thema , die zeigen, dass aufrechte Körperhaltung, sogenannte „High-Power-Poser", zu steigenden Testosteron- und sinkenden Cortisolwerten führten und die Probanden sich kraftvoller fühlten. Und im Gegensatz dazu bei den „Low-Power-Posern", also bei einer eher gebeugten, „buckeligen" Körperhaltung, genau das Gegenteil zutraf. Bei den Probanden sank der Testosteronspiegel und der Kortisolspiegel stieg und sie fühlten sich unsicher. Es ist also tatsächlich wichtig, wie unsere Körperhaltung ist, gerade für unser Stressempfinden. Und natürlich auch, um Rückenschmerzen vorzubeugen. Nach drei ausgeheilten Bandscheibenvorfällen weiß ich, wovon ich rede.

GEWICHT UND BODY-MASS-INDEX (BMI) = KÖRPERGEWICHT: (KÖRPERGRÖSSE)^2

Der Body-Mass-Index ist immer noch eine der führenden Berechnungsformeln für die Gewichtsberechnung. Der BMI ergibt sich aus dem Verhältnis des Körpergewichts in Kilogramm und der Körpergröße in Metern zum Quadrat. Die Deutsche Gesellschaft für Ernährung (DGE) unterscheidet je nach errechnetem Wert der Auswertung diese sieben Kategorien, davon alleine vier im Adipositasbereich (Adipositas = von lateinisch adeps „Fett"):

GEWICHTSKLASSE	BMI	RISIKO FÜR BEGLEITERKRANKUNGEN
UNTERGEWICHT	< 18,5	NIEDRIG
NORMALGEWICHT	18,5 - 24,9	DURCHSCHNITTLICH
ÜBERGEWICHT	> 25,0	
PRÄADIPOSITAS	25 - 29,9	GERING ERHÖHT
ADIPOSITAS GRAD I	30 - 34,9	ERHÖHT
ADIPOSITAS GRAD II	35 - 39,9	HOCH
ADIPOSITAS GRAD III	40	SEHR HOCH

Immer wieder gibt es Kritik am Body-Mass-Index, da er die Konstitution des Menschen nicht mit einbezieht. Im Einzelfall mag das natürlich stimmen und gerade sehr trainierte Männer haben oft einen

DER BODY-MASS-INDEX IST IMMER NOCH EINE DER FÜHRENDEN BERECHNUNGSFORMELN FÜR DIE GEWICHTSBERECHNUNG.

relativ hohen BMI trotz eines niedrigen Körperfettanteils und sind natürlich selbst mit einem BMI über 25 in einem gesunden Bereich. Nach über 12 Jahren in der Branche und über 5.000 Trainingseinheiten kann ich mit Überzeugung sagen, dass es meistens nicht zu viele Muskeln gewesen sind, warum Menschen mich aufgesucht haben. Und mittlerweile hat jeder vierte Deutsche einen BMI von über 30. Für mich ist der BMI ein leicht messbarer, solider Indikator im Ernährungscoaching. Für die Statistiker: Zwei Drittel der Männer (67 %) und die Hälfte der Frauen (53 %) in Deutschland sind übergewichtig (RKI). Ein Viertel der Erwachsenen (23 % der Männer und 24 % der Frauen) ist stark übergewichtig (adipös).

KÖRPERFETTANTEIL

Um das Ergebnis des Body-Mass-Indexes ein wenig differenzierter betrachten zu können, ist der ungefähre Körperfettanteil interessant. Mittlerweile bieten viele Personenwaagen eine integrierte Körperfettmessung als Funktion an. Ich empfehle meinen Kundinnen und Kunden in aller Regel einen festen Wiegetag pro Woche.

ALTER (JAHRE)	FRAUEN NIEDRIG	MÄNNER NORMAL
20–39	< 21 %	8–20 %
40–59	< 23 %	11–22 %
60–79	< 24 %	13–25 %

BLUTPARAMETER

Blutparameter sind zu einem wichtigen Bestandteil meiner Arbeit mit Kunden geworden. Lassen Sie in regelmäßigen Abständen ein umfangreiches Blutbild machen, das über das „kleine" und das „große" Blutbild hinausgeht. Ich persönlich habe mich entschieden, dass ich mindestens genauso oft im „TÜV" bin wie mein Auto oder Fahrrad. Und chronischer Stress, hohe Alltagsbelastungen, schlechte Ernährung, Verdauungsprobleme, Entzündungen, Energielosigkeit, Bewegungsmangel und vieles mehr lassen sich gut in umfangreichen Blutbildern sehen. Deshalb kann ich Sie nur ermutigen, fragen Sie Ihren Arzt nach den unten aufgeführten Blutwerten oder lassen Sie sich in einem freien Labor Blut abnehmen. Lassen Sie sich nicht mit einem kleinen Blutbild abspeisen. Beim „TÜV" wird beim Auto auch nicht nur geschaut, ob es fährt, sondern auch, wie es fährt. Streben Sie nach Gesundheit und Vitalität und nicht nur nach Krankheitsvermeidung. Die ausgewählten Blutparameter stellen nur eine Auswahl dar und haben keinen Anspruch auf Vollständigkeit und sollen in keiner Weise dazu dienen, dass Sie nicht weiterhin vertrauensvoll von Ihrem Arzt behandeln lassen.

MESSUNG DER HERZFREQUENZVARIABILITÄT

Die Herzfrequenzvariabilität (HRV) ist ein innovativer Parameter zur Stressmessung im Bereich der Stressmedizin und der „Burn-out"-Prophylaxe. Die Messung der Herzfrequenzvariabilität ist ein Instrument, um Vorsignale für Risiken zu erkennen und zu intervenieren, bevor sich Burn-out-Symptome entwickeln. In der Wissenschaft wurde die Bedeutung der Herzfrequenzvariabilität für die Zustandsdiagnostik erst in den vergangenen Jahrzehnten erkannt.

	BLUTPARAMETER	MESSUNG 1:	MESSUNG 2: (NACH 3–6 MONATEN)	MESSUNG 3: (NACH 12–18 MONATEN)
DAS KLEINE „ROTE“ BLUTBILD	HÄMATOKRIT ERYTHROZYTEN LEUKOZYTEN THROMBOZYTEN HÄMOGLOBIN MCH MCV MCHC RETIKULOZYTEN			
DAS KLEINE „WEISSE“ BLUTBILD	NEUTROPHILE STABKERNIGE GRANULOZYTEN NEUTROPHILE SEGMENTKERNIGE GRANULOZYTEN EOSINOPHILE GRANULOZYTEN BASOPHILE GRANULOZYTEN LYMPHOZYTEN MONOZYTEN			
HERZ-KREIS-LAUF	T-CHOLESTERIN LDL-CHOLESTERIN HDL-CHOLESTERIN TRIGLYZERIDE HOMOCYSTEIN			
KNOCHEN & MUSKELN	MAGNESIUM IM VOLLBLUT VITAMIN D TESTOSTERON DHEA CREATINKINASE (CK, CPK) SHBG			
GEHIRN & STRESSLEVEL	VITAMIN B_{12} BDNF SEROTONIN CORTISOL			
STOFFWECHSEL & SCHILDDRÜSE	TSH T_3 T_4 RT_3 HBA1C FERRITIN			
ENTZÜNDUNGEN	HS-CRP OMEGA 6/3 VERHÄLTNIS OMEGA-3-INDEX			
LEBER	GGT ALT ALP ALBUMIN BILIRUBIN			
DARM	ZONULIN AMYLASE LIPASE			
WEITERE WERTE				

LIFESTYLE ASSESSMENT

Person: 2018 Case			
Alter	39	Aktivitätsklasse	2.0 (Schlecht)
Größe (cm)	171	Ruhepuls	44
Gewicht (kg)	76	Max. Herzrate	183
Body Mass Index (BMI)	26.0		

Messung:	
Startzeit	Do 29.03.2018 06:30
Dauer	25h 0min
Herzfrequenz (min / ø / max)	48 / 70 / 112

Zusätzliche Informationen: Alkoholkonsum 4 Einheiten

● Stress ● Erholung ● Mäßige und hohe körperliche Aktivität ● Geringe körperliche Aktivität ~ Herzfrequenz ~ Fehlende Herzfrequenz 0%

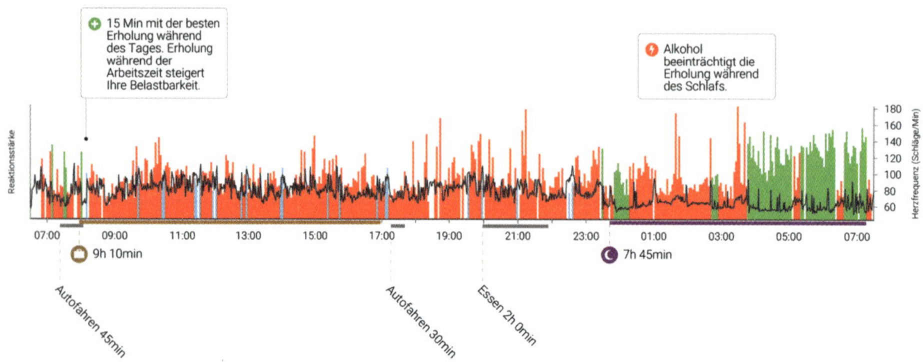

STRESS UND ERHOLUNG

VERHÄLTNIS VON STRESS UND ERHOLUNG

60 - 100p Gut
30 - 59p Mäßig
0 - 29p Schlecht

20 / 100

Das Gleichgewicht zwischen Stress und Erholung war gering.

ANTEIL AN BELASTUNGSREAKTIONEN — **17h 59min**

≤ 60% Normal | > 60% Mehr als gewöhnlich — **72%**

ERHOLUNGSANTEIL (Tag und Nacht) — **3h 30min**

< 20% Schlecht | 20 - 29% Mäßig | ≥ 30% Gut — **14%**

Geringes Maß an Erholung während des Tages (13min).

SCHLAF

ERHOLUNGSEFFEKT DES SCHLAFS

60 - 100p Gut
30 - 59p Mäßig
0 - 29p Schlecht

38 / 100

Die Schlafphase war lang genug, aber die Erholung war nur mäßig.

LÄNGE DER SCHLAFPHASE — **7h 45min (Gut)**

ERHOLUNGSANTEIL WÄHREND DES SCHLAFS — **3h 18min**

< 50% Schlecht | 50 - 74% Mäßig | ≥ 75% Gut — **42%**

ERHOLUNGSQUALITÄT (Herzratenvariabilität)

0 - 19 ms Schlecht | 20 - 38 ms Mäßig | ≥ 39 ms Gut — **39 ms**

EIGENE ANGABEN ZUR SCHLAFQUALITÄT ☹ ☹ ☺ ☺ ☺

KÖRPERLICHE AKTIVITÄT

GESUNDHEITSEFFEKTE KÖRPERLICHER AKTIVITÄT

60 - 100p Gut
30 - 59p Mäßig
0 - 29p Schlecht

9 / 100

Geringe Gesundheitseffekte

DAUER KÖRPERLICHER AKTIVITÄT	Geringe	Mäßige	Hohe
	49min	**1min**	**0min**

ENERGIEAUFWAND

ENERGIEAUFWAND GESAMT

2098 kcal

- Mäßige und hohe körperliche Aktivität 6 kcal
- Geringe körperliche Aktivität 175 kcal
- Andere 1917 kcal

SCHRITTE — **3937**

26.10.2018 09:35 (development.firstbeat.fi)
www.firstbeat.de
FIRSTBEAT

Grafiken S. 36-37 von ABBOTT FREESTYLE LIBRELINK APP und Firstbeat Life Style Assessement - mit freundlicher Genehmigung

Während die Herzfrequenz bei lang anhaltendem Stress steigt, sinkt die Herzfrequenzvariabilität, was bedeutet, dass das Herz überwiegend dem Taktgeber Sympathikus, dem aktivierenden Teil des Nervensystems, gehorcht, während der Parasympathikus, der beruhigende Teil des Nervensystems als Taktgeber zurückgedrängt wird. Dadurch schwankt die Herzfrequenz weniger, hat also weniger Variabilität. Eine eingeschränkte, niedrige Herzfrequenzvariabilität gilt als Indikator für zahlreiche Gesundheitsstörungen und ungesunden Umgang mit Stressoren. Die Aussagen in der Leitlinie zur Nutzung der Herzschlagfrequenz und der Herzfrequenzvariabilität in der Arbeitsmedizin und Arbeitswissenschaft bestätigen, dass die Messung der Herzfrequenzvariabilität ein geeignetes Mittel zur objektiven Erfassung von Stress und psychischer Belastung ist. Mittlerweile gibt es Smartwatches, die es schaffen, näherungsweise einen „Stressscore" aufgrund von Herzfrequenzvariabilität zu ermitteln. Innovativer und deutlich präziser sind beispielsweise Wearables von „Oura" oder „Whoop". Der Goldstandard sind Messsysteme wie „Firstbeat", die aus dem Leistungssport oder der Sportmedizin kommen und bei mir im täglichen Einsatz sind. Hier ein Ausschnitt aus einer 72-Stunden-Stressmessung.

MESSUNG DES BLUTZUCKERS

Die Messung des Blutzuckerspiegels ist nicht nur für Diabetiker interessant. Auch bei der Stressbewältigung kommt dem Blutzuckerspiegel eine wichtige Rolle zu. Während die klassische Blutzuckermessung mittels Fingerstich nur einen momentanen Zuckerwert als Momentaufnahme liefert, gibt es mittlerweile Systeme, wie z. B. das FreeStyle Libre System, die sich auf eine kontinuierliche Blutzuckermessung spezialisiert haben und ein vollständiges Bild der sich verändernden Glukosewerte zeigen. In meiner täglichen Arbeit nutze ich den Blutzuckerspiegel regelmäßig mit meinen Kundinnen und Kunden ab einem bestimmten Punkt, um Auswirkungen von Nahrungsmitteln, Stress und körperlicher Aktivität besser nachvollziehen und gezielt entgegenwirken zu können.

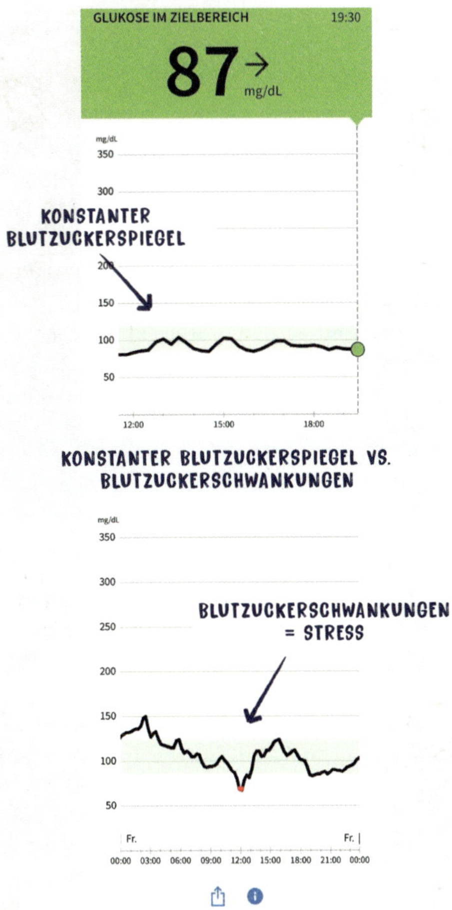

DAS ANTI-STRESS-INTERVIEW MIT ROY EPPLE:

AUSWIRKUNGEN VON ERNÄHRUNG AUF KÖRPER UND GEIST

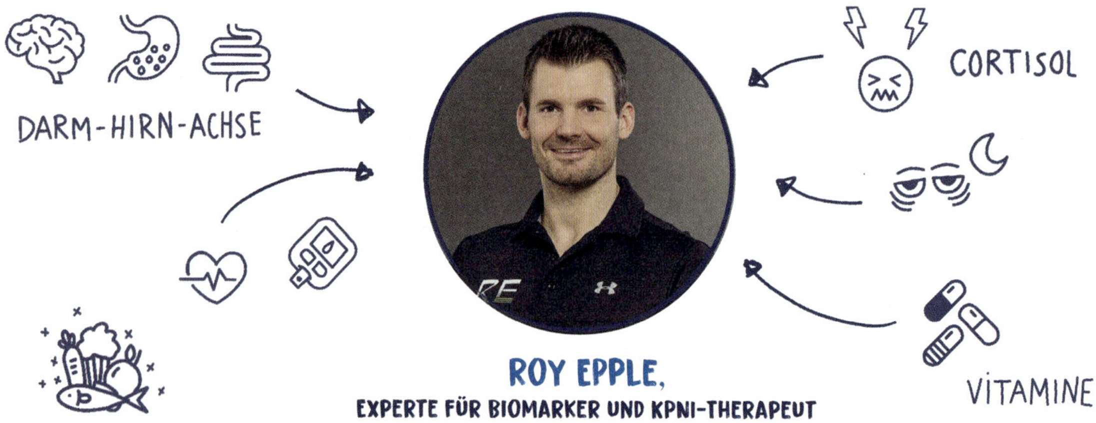

ROY EPPLE,
EXPERTE FÜR BIOMARKER UND KPNI-THERAPEUT

Foto © Roy Epple

HERR EPPLE, WELCHE AUSWIRKUNGEN HAT ERNÄHRUNG AUF UNSER WOHLBEFINDEN UND WAS HABEN NEUROTRANSMITTER IM GEHIRN DAMIT ZU TUN?

Über die sogenannte Darm-Hirn-Achse beeinflusst unsere Darmgesundheit auch unsere Gehirngesundheit. Wenn es dem Darm gut geht, geht es auch unserem Gehirn gut. Unsere Neurotransmitter sind ausgeglichen. Die Art unserer Ernährung hat starken Einfluss auf unsere Darmgesundheit. Mit einer gesunden Ernährung haben wir also die Möglichkeit, unsere Vitalität, unsere Konzentrationsfähigkeit, unseren Schlaf und auch unsere Stimmung positiv zu beeinflussen.

VIELE GESTRESSTE MENSCHEN HABEN MEHR FETTEINLAGERUNGEN IM BAUCHBEREICH. WELCHE ROLLE SPIELT DAS STRESSHORMON CORTISOL DABEI?

Cortisol sorgt dafür, dass der Körper in Stresssituationen schnellstmöglich Energie freisetzen kann. Evolutionär hat das Sinn gemacht, um in gefährlichen Situationen, die ja nur hin und wieder auftraten, schnell und effektiv reagieren zu können. Cortisol ist also durchaus nützlich und sinnvoll. Heute haben viele Menschen aber nicht punktuellen Stress, sondern dauerhaften Stress. Bei Dauerstress wird ständig Cortisol ausgeschüttet und es bewirkt deutlich erhöhte Fetteinlagerungen im Bauchbereich, damit der Körper sehr schnell als Energiequelle darauf zugreifen kann. Aufgrund dessen haben Menschen mit viel Stress das Risiko deutlich erhöhter Fetteinlagerungen im Bauchbereich.

WELCHE VORTEILE HAT EIN KONSTANTER BLUTZUCKERSPIEGEL FÜR UNSERE GESUNDHEIT?

Wenn wir durch unsere Ernährung unseren Blutzuckerspiegel konstant halten, geben wir der Bauchspeicheldrüse eine Pause. Sie ist dann weniger damit beschäftigt, Insulin (zur Blutzuckersenkung) oder Glukagon (zur Blutzuckererhöhung) zu produzieren. Das gibt der Bauchspeicheldrüse die Möglichkeit, sich auf die Produktion von Verdauungsenzymen und Bikarbonat zu konzentrieren. Bikarbonat sorgt dafür, dass Hormone und Enzyme einwandfrei funktionieren können. Mit einer Ernährung, die für einen konstanten Blutzuckerspiegel sorgt, werden Nährstoffe deutlich besser aufgenommen (eiweißreiche Lebensmittel, fettlösliche Vitamine, mehrfach ungesättigte Fette, …). Starke Blutzuckerschwankungen sind für den Körper ein erheblich größerer Stressor als Stress durch Arbeit oder Schlafmangel. Mit einem konstanten Blutzuckerspiegel können wir für ein gleichmäßiges Energielevel sorgen, und wir sind deutlich entspannter und weniger gestresst.

WELCHE VORTEILE HAT EINE PROTEINREICHE ERNÄHRUNG UND KÖNNEN SIE EINMAL DAS MODELL DER NEUROTRANSMITTERSTUFEN ANHAND EINES BEISPIELS ERKLÄREN?

Die Vorteile einer proteinreichen Ernährung sind z. B., dass das Sättigungsgefühl deutlich länger anhält und dass wir dadurch auch einen konstanteren Blutzuckerspiegel haben. Das sind schon einmal zwei sehr wesentliche und wichtige Punkte. Hinzu kommt, dass wir durch eine proteinreiche Ernährung besser Hormone produzieren können, besser entgiften können, wir können um ein Vielfaches leichter Muskulatur aufbauen, und nicht nur aufbauen, sondern auch erhalten. Und wenn es in die Wintermonate geht, wird sehr oft unterschätzt, dass unser Immunsystem ein riesiger Eiweißverschwender ist. Die ganzen Antikörper, die Immunglobuline, werden alle aus Eiweiß gebildet. Man kann sagen, ein gut funktionierendes Immunsystem gibt es, wenn man sich proteinreich ernährt. In Bezug auf die Neurotransmitter nenne ich das Thema Schlafmangel und Schlafstörungen, das viele Menschen mit Stress betrifft. Entscheidend ist hier das Hormon Melatonin – das Schlafhormon. Wenn wir uns da die Kaskade anschauen, dann beginnt alles mit dem Eiweiß Tryptophan. Es wird im Körper umgewandelt zu 5-Hydroxytryptophan, das wiederum in Serotonin. Das geht dann kurz in eine Zwischenstufe von Serotonin zu Melatonin, und dann haben wir Melatonin. Um das zu leisten, braucht der Körper diverse Mikronährstoffe, insbesondere B-Vitamine, Magnesium, Vitamin D, Kupfer – das sind alles Stoffe, über die der Körper ausreichend verfügt, wenn man sich vielfältig ernährt, reich an Proteinen, Gemüse und Obst. Damit schafft man eine sehr gute Mikronährstoffversorgung, die die Schlafprobleme verbessert.

ANHAND WELCHER BLUTPARAMETER KÖNNEN WIR ERKENNEN, OB SICH UNSERE ERNÄHRUNG POSITIV ODER NEGATIV AUF UNSERE GESUNDHEIT AUSWIRKT?

Ein bekannter Wert ist der CRP-Wert. Der C-reaktive Proteinwert gibt einen Hinweis auf Entzündungen im Körper. Eine reiche Ernährung, die viele Omega-6-Fettsäuren enthält, fördert Entzündungen. Die Omega-3-Fettsäure als Gegenspieler der Entzündungen wird vielfach zu wenig zugeführt. Als Folge entstehen Entzündungen. Ein anderer Wert sind die Triglyzeride, die Blutfette. Sie zeigen an, ob ein Mensch mehr Kohlenhydrate isst, als er verbraucht. Körperlich sehr aktive Menschen können mehr Kohlenhydrate essen, weil sie mehr Kohlenhydrate verbrauchen als eher wenig aktive Menschen. Isst man dauerhaft mehr Kohlenhydrate, als der Körper braucht, steigt die Gefahr von Entzündungen.

WELCHE BLUTPARAMETER SOLLTEN MENSCHEN MIT HOHEM STRESSLEVEL BEACHTEN?

Stress hat einen hohen Bedarf an verschiedenen Nährstoffen. Dazu gehören u. a. die B-Vitamine, angeführt von B_6. Menschen, die viel Stress haben, sind in Gefahr, auf Dauer einen Vitamin-B-Mangel zu entwickeln. Die B-Vitamine würde ich auf jeden Fall messen. Man kann sie einzeln messen, man kann sie aber auch in einem Komplexwert bestimmen, dem Homocysteinwert. Dieser gibt an, wie hoch die Zufuhr an B-Vitaminen ist. Ein weiterer wichtiger Parameter ist Magnesium, weil bei Stress auch viel Magnesium verbraucht wird. Ein Magnesiummangel hat für den Körper sehr viele negative Konsequenzen. Das beginnt bei Kopfschmerzen, einem hohen Muskeltonus, der Blutdruck steigt, die Stresstoleranz sinkt. Die Kontrolle sollte im Vollblut gemacht werden, weil 68 % des Magnesiums im Vollblut sind. Lediglich 32 % befinden sich im Serum. Die Metapher dazu wäre da: Um einen Finanzstatus von jemandem zu beurteilen, reicht nicht aus, wenn man sich nur den Geldbeutel anguckt. Da sind vielleicht nur ein paar Euro drin.

WAS IST IHR PERSÖNLICHER ANTI-STRESS-TIPP NACH INTENSIVEN ARBEITSTAGEN?

Wozu ich selbst lange gebraucht habe, das ist das Thema Achtsamkeit. Auch ein gesunder Körper, ein gesundes Gehirn kann nur dann funktionieren, wenn es immer wieder Pausen gibt. Da habe ich mich selbst mittlerweile einfach so diszipliniert, dass ich mir 2-3-mal am Tag eine Pause von 5-10 Minuten gönne mit einer einfachen Meditation, mit simplen Atemtechniken, mit Atemübungen, mit dem Fokus des Ausatmens und dem Innehalten, bevor man wieder einatmet. Dabei spürt man, dass man den Parasympathikus sehr gut stimulieren kann. Dadurch kriegt man so einen kleinen Break. Das ist spürbar, es tut einfach sehr, sehr gut. Bei gestressten Menschen haben wir ja einen chronisch erhöhten Sympathikus. Und der chronisch erhöhte Sympathikus sorgt dann dafür, dass die gesamte Darmpassage deutlich schneller durchläuft, weil der Körper in einer Stresssituation eher darauf fokussiert ist zu kämpfen, zu flüchten. Er ist dann weniger auf die Verdauung fokussiert, die viel Energie kostet. Als Folge wird zum einen die Blutzufuhr zu den Verdauungsorganen (Leber, Darm) um ein Vielfaches heruntergefahren. Darm und Leber haben dann deutlich weniger Blut zur Verfügung, und dadurch auch weniger Sauerstoff, weil sie an anderen Stellen benötigt werden, z. B. in der Muskulatur oder im Gehirn. Das führt dazu, dass die Verdauung nicht mehr optimal arbeiten kann, sodass viele Nährstoffe nicht gut aufgenommen werden.

DIE AUSWIRKUNGEN DER ANTI-STRESS-ERNÄHRUNG AUF DEN GEIST

Wie kann Ernährung Einfluss auf unseren Geist haben? Wer einmal einen vollen Teller Pasta gegessen, danach Gefühle von Glück erlebt und danach leicht erschöpft und zufrieden auf dem Sofa gelegen hat, weiß, dass Essen die Stimmung und das Energielevel beeinflusst. Ebenso eindrücklich, nur andersrum, ist es mit Kaffee, der uns eher aktiv und wach macht. Warum ist das so? Weil das, was wir essen, einen direkten Einfluss auf unsere Hirn- oder Neurochemie, genauer auf unsere Neurotransmitter, hat. Neurotransmitter sind biochemische Botenstoffe, die Informationen von einer Nervenzelle zur anderen über die Kontaktstelle der Nervenzelle, die sogenannte Synapse, übertragen. Insgesamt wurden bis heute über 60 verschiedene Neurotransmitter entdeckt. Die vier wichtigsten Neurotransmitter sind Dopamin, Acetylcholin, Gaba und Serotonin. In den letzten Jahren und Jahrzehnten wurde immer mehr über Auswirkungen von Ernährung auf Neurotransmitter bekannt und die Beeinflussung/das Optimieren der Neurochemie durch Ernährung gewinnt immer mehr an Bedeutung. Wie funktioniert die Neurotransmitteroptimierung und wie können Sie durch Ihre Ernährung positive Effekte auf die Neurotransmitter erzielen und damit Ihr Wohlbefinden steigern? Alles, was Sie essen und trinken, hat Auswirkungen auf Ihre Hirnchemie und Ihre Stresshormone. Entweder über die Menge an enthaltenen Kohlenhydraten, Fetten und Mikro- und Ballaststoffen, oder aber über die Aminosäuren, die aus Eiweißen (Proteinen) aus den Neurotransmittern hergestellt werden. Jedes Lebensmittel hat ein bestimmtes Aminosäureprofil. Schauen wir, welche Neurotransmitter wodurch besonders beeinflusst werden.

DOPAMIN

Dopamin ist der „Erfolgsneurotransmitter". Bei allem, was subjektiv mit Erfolg assoziiert wird, wird Dopamin ausgeschüttet. Dopamin ist der Neurotransmitter für Antrieb, Energie, Leistungsfähigkeit, Motivation, Commitment und Disziplin. Je höher das natürliche Dopaminlevel, desto höher der Lerneffekt. Je höher der Dopaminspiegel ist, desto leichter fällt es Menschen, an Themen und Zielen dranzubleiben. Vergleichen kann man es mit der PS-Zahl beim Auto: Je höher die PS-Zahl, desto mehr Leistung bringt der Motor. Ein hohes Dopaminlevel ist die Basis für eine hohe Leistungsfähigkeit. Ein typisches Krankheitsbild für eine Störung im Dopaminstoffwechsel ist ADHS.

Die Aminosäure Tyrosin spielt im Zusammenhang mit Dopaminmangel bei der Ernährung die wichtigste Rolle. Tyrosin wird für die Produktion von Dopamin benötigt. Tyrosin kommt in hohen Dosierungen in tierischen proteinreichen Lebensmitteln wie Fleisch und Eiern, aber auch in pflanzlichen Proteinen wie Hülsenfrüchten und Nüssen vor. Wenn durch eine eiweißarme Ernährung Tyrosin aus der Ernährung entfernt wird, kann der Dopaminspiegel und damit Motivation, Energielevel und Wohlbefinden sinken.

Achtung: Dopamin wird durch Alkohol erhöht – allerdings nur sehr kurzfristig.

ACETYLCHOLIN

Acetylcholin ist der „Speed"-Neurotransmitter und ist zuständig für Schnelligkeit, Reaktionsgeschwindigkeit und ist wichtig für kognitive Prozesse wie Lernvorgänge, Gedächtnisbildung, Konzentration, Fokus und Selbstregulation. Zudem spielt Acetylcholin eine wichtige Rolle im vegetativen Nervensystem, das Funktionen wie Atmung, Blutdruck, Herzschlag, Verdauung, Stoffwechsel und Ansteuerung von Muskeln kontrolliert.

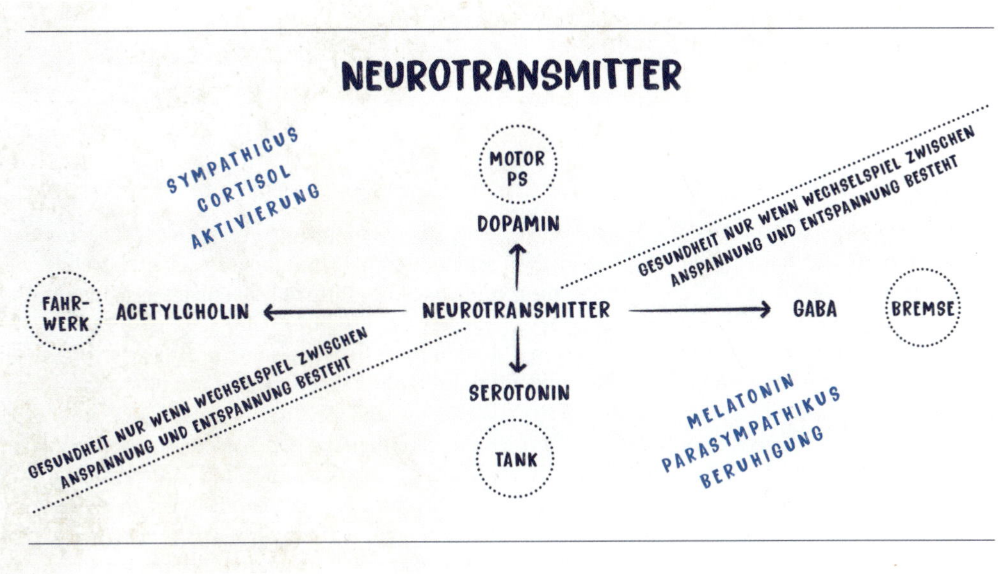

Bezogen auf den Vergleich zum Auto entspricht Acetylcholin dem Fahrwerk, bzw. der Übersetzung. Ein typisches Krankheitsbild mit pathologischem Acetylcholinmangel ist Alzheimer. Ohne Acetylcholin können die betreffenden Hirnzellen keine Signale mehr austauschen und es kommt zu Gedächtnisverlust.

Nervenzellen produzieren aus Cholin den Botenstoff Acetylcholin. Unter den Nahrungsmitteln haben Eier und Fleisch den höchsten Cholinanteil. Aber auch die Sojabohnen enthalten hohe Mengen an Cholin.

GABA

GABA (englisch „gamma-Aminobutyric acid" oder auch Gamma-Aminobuttersäure) ist der Anti-Stress-Neurotransmitter. Hier gibt es statistisch am häufigsten Defizite. GABA wirkt besonders im peripheren Nervensystem auf den Körper. Er ist für Entspannung und Balance zuständig und hat wichtige Funktionen bei der Blutdruckregulation und beim Herunterfahren des vegetativen Nervensystems am Abend. Bezogen auf den Vergleich zum Auto ist GABA beim Menschen die Bremse. Panikattacken und Angststörungen sind Krankheitsbilder, die bei einem dauerhaften GABA Mangel entstehen können. GABA wird unter anderem aus der Aminosäure Glutamat gebildet, die in vielen verschiedenen Lebensmitteln der Anti-Stress-Ernährung vorkommt, z. B. in Brokkoli, braunem Reis, Heilbutt, Linsen oder Vollkornprodukten. Einen großen Einfluss auf GABA hat auch unser Lifestyle wie Schlaf, Alkohol oder Bildschirmzeiten am Abend.

SEROTONIN

Serotonin, der „Wohlfühl-Neurotransmitter", ist der wahrscheinlich bekannteste Neurotransmitter. Er hat wichtige Funktionen bei der Steuerung von Emotionen, Stimmung, Schmerzbewertung, Appetit und des zentralen Belohnungssystems. Besonders für Zufriedenheit und Wohlbefinden ist Serotonin wichtig. Die wohl wichtigste Funktion ist die Steuerung des Schlaf-Wach-Rhythmus und der Schlafqualität, da Serotonin beim „Hirnrunterfahren" am Abend hilft. Bezogen auf den Vergleich mit dem Auto ist Serotonin der Tank. Die bekannteste Krankheit eines dauerhaften Serotoninmangels ist die Depression. Die Aminosäure Tryptophan ist eine Vorstufe von Serotonin und Melatonin, die dafür sorgen, dass Sie gut gelaunt und entspannt sind und gut schlafen können. Lebensmittel mit hohem Tryptophananteilen sind Vollkornprodukte, Hülsenfrüchte, Milchprodukte oder Haferflocken.

Je mehr Serotonin vorhanden ist, desto mehr Schlafhormon Melatonin wird gebildet. Je geringer der Serotoninspiegel ist, desto geringer ist die Schlafqualität. Vorsicht: Auch Alkohol zielt stark auf Serotonin. Zusammenfassend lässt sich sagen, dass Sie Ihre Neurotransmitter und Stress- und Schlafhormone und damit Ihr Wohlbefinden, Energielevel und Ihre Körperzusammensetzung mit einer natürlichen Rotation der Lebensmittel, eiweißreichen Komponenten bei jeder Mahlzeit und einer möglichst natürlichen, saisonalen, biologischen und regionalen Ernährungsweise optimieren können. Die Anti-Stress-Ernährung unterstützt Sie genau bei dieser Ernährungsweise, sie ist einfach, strukturiert und leicht umsetzbar. Fazit: Die Aufnahme vieler hochwertiger Lebensmittel und besonders von Proteinen ist die Basis für optimale geistige Fähigkeiten und Performance. Als diagnostizierter ADHS-Patient hat mich meine eigene Hirnchemie natürlich immer interessiert. Nachdem mir immer deutlicher wurde, wie Neurotransmitter durch Ernährung beeinflusst werden und ich begann, mit Ernährung darauf Einfluss zu nehmen, konnte ich spürbare und messbare positive Effekte feststellen. Unter anderem mit der Ernährungsumstellung auf die Anti-Stress-Ernährung ist es mir gelungen, von ADHS-Medikamenten unabhängig, leistungsfähig und meist ausgeglichen zu sein. Wie können die Effekte der Anti-Stress-Ernährung auf die Neurotransmitter und Hormone objektiv gemessen werden? Neurotransmitter und Hormone können bei ganzheitlich arbeitenden Ärzten oder Heilpraktikern oder mittlerweile auch bei immer mehr freien Laboren gemessen werden. Die Neurotransmitter und Cortisol sollten idealerweise im Speichel oder Urin gemessen werden. Bestimmte Werte wie Cortisol oder Serotonin können auch im Blut untersucht werden, jedoch nur als Speicherwert. Beim größten Stresshormon Cortisol kann eine Speicheluntersuchung an vier bis sieben verschiedenen Tageszeitpunkten genau ermitteln, wie und ob eine Cortisoldysbalance vorliegt. Die Wirkungen der Ernährungsumstellung bei mir selbst haben mich begeistert und dazu geführt, dass ich Freude am Experimentieren und Entwickeln schneller und leichter Rezeptideen entwickelt habe, die ich gerne in diesem Buch weitergebe, damit auch Sie davon profitieren können. Mein früher oft schlechtes Gewissen und ein Leben im Konjunktiv von: „Ich sollte mich besser ernähren ...“ hat sich gewandelt zu: „Ich ernähre mich gerne nach dem Anti-Stress-Ernährungskonzept, weil ich mit seither wohlfühle, leistungsfähig bin und mir die Basis für mein Leben gibt, wie ich es gerne leben will.“ Leistungsfähig, gesund und ohne Verzicht. Die am deutlichsten wahrnehmbaren Effekte sind ein spürbar höheres Energielevel bei einer gleichzeitig erheblich besseren Schlafqualität. Inzwischen schaffe ich es, den Tag über Power, Motivation und Drive zu haben und trotzdem abends einen schnellen Switch schaffe, um Körper und Geist herunterzufahren. Ich kann also schneller abschalten, was eine Grundvoraussetzung für einen erholsamen und tiefen Schlaf ist. Ein weiterer Effekt ist, dass ich meine „Umschaltgeschwindigkeit“ und, damit verbunden, meine Disziplin enorm verbessern konnte. Was heißt das? An Tagen, an denen ich „über die Stränge schlage", kann ich schnell wieder in, wie ich ihn nenne, „meinen Achtsamkeitsmodus“ wechseln und mich entsprechend der Anti-Stress-Ernährung diszipliniert ernähren. 300 Anti-Stress-Ernährungstage im Jahr sind sinnvoll und realistisch machbar, weil sich das Anti-Stress-Ernährungsmodell leicht umsetzen lässt. Im Homeoffice, aber auch auswärts und sogar im Urlaub. Es gibt eine Klarheit und Struktur, wie eine Art Leitplanke. Die Hürden, selbst zu kochen, sind durch die Einfachheit des Konzepts sehr niedrig.

DIE AUSWIRKUNGEN DER ANTI-STRESS-ERNÄHRUNG AUF DIE SEELE

Welche positiven Auswirkungen auf die Seele sind durch die Anti-Stress-Ernährung zu erwarten? Seit mein Konzept nach vielem Experimentieren stimmig ist und ich es konsequent umsetze, bemerke ich bei mir eine deutlich gestiegene Genussfähigkeit und Dankbarkeit beim Essen, für das tägliche Essen. Gleichzeitig bin ich deutlich entspannter, weil ich meine „ungesunde“ Gewohnheit, immer noch etwas anderes zu tun, während ich esse (telefonieren, fernsehen, Mails abrufen etc.) in eine „gesunde“ Gewohnheit verwandelt habe: Wenn ich esse, dann esse ich – nichts sonst, einfach ohne Ablenkung! Wie gesagt, natürlich gibt es Ausnahmen. Aber die Regel bleibt die Regel und die Ausnahme die Ausnahme.

WAS PASSIERT MIT UNS, WENN WIR NUR ESSEN, WENN WIR ESSEN?

Der aktivierende Teil unseres Nervensystems, der Sympathikus, wird gebremst, während der entspannende Teil unseres Nervensystems, der Parasympathikus, aktiviert wird. Durch die ausschließliche Präsenz für das Essen, die kleine Auszeit von allem anderen, wie Handy, Laptop oder Fernsehen, wird dem Körper und den Verdauungsorganen signalisiert, dass es Zeit ist, sich für die Nahrungsaufnahme fertig zu machen. In Ruhe zu essen, sorgt für eine deutlich bessere Mikronährstoffaufnahme als beim Essen „nebenher“ unter Stress. Das bedeutet, dass wir – selbst wenn wir gesunde Lebensmittel unter Dauerfeuer essen – sie nicht optimal verwerten können. Eine weitere wichtige Auswirkung, die ich durch die Anti-Stress-Ernährung erlebt habe, ist Selbstwirksamkeit. Mein Wissen über Ernährung, über das, was mir guttut, ist im Einklang mit meinem Handeln. Dadurch gelingt es, die inneren Stimmen zu „zähmen“, wie: „Ich sollte mich besser ernähren”, „Ich müsste mehr Gemüse essen”, „Ich tue zu wenig für meine Gesundheit”... Ich erlebe eine Kongruenz im Denken, Fühlen und Handeln. Ein Punkt, der mir noch am Herzen liegt, ist das Thema Qualität von Lebensmitteln. Ich bin überzeugt davon, dass wir nur mit maximaler Achtsamkeit essen können, wenn wir hochwertige und gesunde Lebensmittel kaufen. Stellen Sie sich das Gegenteil vor: Glauben Sie, wir könnten achtsam dem Ploppen der Plastikverpackung eines Billigfleisches lauschen oder den Duft dieses Fleisches genußvoll wahrnehmen? Gönnen Sie sich, den Produzenten, den Tieren und der Umwelt Qualität und Achtsamkeit. Nach dem Prinzip der Selbstwirksamkeit haben Sie unmittelbaren Einfluss darauf, was Sie essen, welche Art der Produktion Sie unterstützen und wie Sie letztendlich sich selbst behandeln.

Auswirkungen von achtsamem Essen:

- **VERBESSERTE NÄHRSTOFFAUFNAHME**
- **ENTSPANNUNG DES NERVENSYSTEMS**
- **BESSERE HALTUNG BEIM ESSEN**
- **WENIGER MAGEN- UND DARMPROBLEME**
- **ERHÖHTE WERTSCHÄTZUNG UND DANKBARKEIT FÜR DIE LEBENSMITTEL**
- **GLOBALE AUSZEIT FÜR KÖRPER, GEIST UND SEELE**

WENN ICH ESSE, DANN ESSE ICH – NICHTS SONST, EINFACH OHNE ABLENKUNG!

DAS ANTI-STRESS-INTERVIEW MIT DR. NINA BÜRKLIN

ACHTSAMKEIT IM HOMEOFFICE

Foto © Nina Bürklin

DR. NINA BÜRKLIN,
EXPERTIN FÜR ACHTSAMKEIT UND SINNORIENTIERTE PERSÖNLICHKEITSENTWICKLUNG

FRAU DR. BÜRKLIN, WELCHE VORTEILE HAT ES FÜR UNS MENSCHEN, SICH MIT DEM THEMA ACHTSAMKEIT AUSEINANDERZUSETZEN?

Für mich bedeutet Achtsamkeit das Bewusstsein für sich selbst und seine Umwelt in einem bestimmten Moment, ohne zu werten. Indem wir dieses Bewusstsein trainieren, gelingt es uns immer besser, den inneren Autopiloten abzuschalten und Freiräume im eigenen Leben zu erkennen. Genau dann haben wir die Möglichkeit, unseren Alltag aktiv zu gestalten und eigene Potenziale zu entfalten.

ACHTSAMKEIT WIRD SEIT EINIGEN JAHREN ALS MITTEL ZUR STRESSBEWÄLTIGUNG EMPFOHLEN. WORIN LIEGEN DIE GRÜNDE DAFÜR UND INWIEFERN GIBT ES WISSENSCHAFTLICHE UNTERSUCHUNGEN ZUM ZUSAMMENHANG ZWISCHEN ACHTSAMKEIT UND STRESSBEWÄLTIGUNG?

Das Thema Achtsamkeit wurde in den letzten zwei Jahrzehnten vielseitig erforscht, vor allem im Kontext der Neurowissenschaften. Insbesondere wurden die Auswirkungen von Achtsamkeitspraktiken wie bspw. Meditation auf das menschliche Gehirn untersucht. Im Kern steht hierbei zumeist die wertfreie Fokussierung auf den Moment über den Körper. Es konnte unter anderem gezeigt werden, dass regelmäßiges Training nachhaltige Veränderungen in den neuronalen Netzwerken des Gehirns bewirken kann. Ein Beispiel dafür ist, dass wir durch mehr Achtsamkeit unsere Emotionen besser regulieren können. Beim nächsten schwierigen Meeting sind wir dann nicht plötzlich wütend, sondern können beim nächsten Mal schon ein bisschen souveräner und ruhiger reagieren.

WIE KÖNNEN WIR ERNÄHRUNG ALLGEMEIN UND KOCHEN IM SPEZIELLEN NUTZEN, UM UNSER BEWUSSTSEIN IM ALLTAG ZU STEIGERN?

Wenn wir anfangen zu verstehen, dass körperliche und mentale Gesundheit Hand in Hand gehen, können wir fast nicht anders, als unsere Ernährung als Grundlage für mehr Achtsamkeit zu begreifen. Die Forschung zeigt eindeutige Zusammenhänge zwischen dem, was wir konsumieren und dem, wie es unserem Geist geht, und zwar in beide Richtungen. Regelmäßig selbst zu kochen, ermöglicht es uns außerdem, für uns wichtige Werte, wie zum Beispiel sinnliches Erleben, etwas mit den Händen gestalten oder mit Freunden zusammen zu sein, in den Fokus zu stellen – und dem Leben so bewusst mehr Sinn zu geben.

EINE DER GRÖSSTEN HERAUSFORDERUNGEN BEIM THEMA ERNÄHRUNG IM HOMEOFFICE IST, ESSEN UND ARBEITEN VONEINANDER ZU TRENNEN. WAS SIND IHRE DREI PERSÖNLICHEN ACHTSAMKEITSTIPPS, UM LEISTUNGSFÄHIG IM HOMEOFFICE ZU BLEIBEN?

a. Beginnen Sie den Arbeitstag bewusst und setzen Sie ein klares Ende: Hilfreich können hier kleine Rituale sein, die den Arbeitsbeginn markieren bzw. den Feierabend einläuten. Ganz praktisch kann dies das Ein- und Ausschalten des Computers bedeuten. Denken Sie auch daran, bewusst Pausen zu machen, in denen Sie kurz von Ihrem Arbeitsplatz aufstehen, sich etwas bewegen, ein Glas Wasser trinken und frische Luft reinlassen – das belebt Körper und Geist.
b. Nehmen Sie eine räumliche Trennung für unterschiedliche Aktivitäten vor: Essen findet z. B. in der Küche statt und Arbeiten im Arbeitszimmer. Falls das bei Ihnen so nicht direkt möglich ist, dann ist es in jedem Fall wichtig, nicht direkt vor dem Laptop oder am Schreibtisch zu essen, sondern Ihre Perspektive im Raum selbst zu ändern – und darüber vielleicht auch den eigenen Blickwinkel.
c. Machen Sie es sich leicht und planen Sie: Je mehr Sie für den einzelnen Arbeitstag vorbereitet haben, desto einfacher gelingt es Ihnen, gute Vorsätze umzusetzen und nicht in die Bequemlichkeitsfalle zu tappen. Dazu gehört die grundlegende Entscheidung, sich gesund zu ernähren und entsprechend einkaufen zu gehen genauso wie die Planung, was Sie am jeweiligen Tag kochen und essen. Was zunächst aufwendig klingt, wird Ihnen einen absoluten Flow im Homeoffice ermöglichen.

SIE HABEN DEN DALAI LAMA MEHRFACH LIVE ERLEBT – WAS GLAUBEN SIE AUS IHRER ERFAHRUNG, WELCHEN LEITSATZ WÜRDE ER UNS MITGEBEN, WENN ER UNSER OFT HEKTISCHES LEBEN AUS DER VOGELPERSPEKTIVE BETRACHTEN WÜRDE?

Ich muss hier gar nicht mutmaßen, sondern kann mit Sicherheit sagen: Einerseits fordert der Dalai Lama uns immer wieder auf, neben der körperlichen Gesundheit, vor allem auch die mentale Gesundheit zu pflegen, um langfristig gesund, leistungsfähig und glücklich zu sein. Andererseits ist das Thema Mitgefühl für ihn von herausragender Bedeutung: Wir können nämlich besser mit stressigen Alltagssituationen und anderen Herausforderungen umgehen, wenn es uns gelingt, anderen Menschen und uns selbst mit Mitgefühl zu begegnen. Dieses Mitgefühl können wir besser realisieren, je besser wir uns selbst fühlen. Und gerade beim Kochen und Genießen dessen, was wir selbst gekocht haben, bietet sich uns eine wunderbare Möglichkeit, uns selbst mit allen Sinnen zu spüren.

ALS LETZTE FRAGE – WIE GEHEN SIE PERSÖNLICH MIT HEISSHUNGERATTACKEN UM UND WELCHE EMPFEHLUNGEN HABEN SIE FÜR UNS, UM UNSERE EMOTIONEN IN SOLCHEN MOMENTEN IM GRIFF ZU HABEN?

Das Wichtigste ist, in diesem Moment innezuhalten und sich zu fragen: Was genau ist mein Bedürfnis in diesem Moment? Mit meinem Hintergrund in sinnzentrierter Psychotherapie (Logotherapie) würde ich mich fragen: Wozu fordert mich diese Situation heraus? Oft sehnen wir uns in solchen Momenten nach mehr Entspannung, Zuneigung oder Ruhe und gar nicht nach dem Essen selbst. Wenn es uns gelingt, dieses Bewusstsein zu entwickeln und alte Gewohnheiten zu durchbrechen, ist der wichtigste Schritt gemacht. Und in Ausnahmesituationen mal einer Heißhungerattacke ganz bewusst nachzugeben, bietet für uns dann auch die Chance, diesen Genuss ganz bewusst zu spüren. Im Englischen würde man sagen: „Treat treats as treats." Die Schwierigkeit sehe ich eher darin, jeder Heißhungerattacke blind zu erliegen, weil sich das Gefühl erst im Nachgang einstellen kann – und dann leider in Form von schlechtem Gewissen. In meiner Arbeit erlebe ich immer wieder, dass Menschen eine solche Aufgabe zunächst riesig erscheint. Aber wenn Sie zum ersten Mal einen derartigen emotionalen Impuls in einen achtsamen Umgang mit sich verwandelt haben, können Sie eine unglaubliche Kraft entwickeln, Ihr Leben aktiv zu gestalten.

„ZWISCHEN REIZ UND REAKTION GIBT ES EINEN RAUM. IN DIESEM RAUM HABEN WIR DIE FREIHEIT UND DIE MACHT, UNSERE REAKTION ZU WÄHLEN. IN UNSERER REAKTION LIEGEN UNSER WACHSTUM UND UNSERE FREIHEIT."

–

VIKTOR FRANKL

DIE AUSWIRKUNGEN DER ANTI-STRESS-ERNÄHRUNG AUF DIE UMWELT

Mit der gesunden Basis durch die Anti-Stress-Ernährung setzen Sie sich für Ihr Wohlbefinden ein und leisten gleichzeitig einen Beitrag für die Umwelt. Durch bewussten Einkauf und Konsum saisonaler, regionaler und ökologisch produzierter Lebensmittel tragen Sie bei …

- **ZUR REDUKTION DES CO_2-AUSSTOSSES DURCH KÜRZERE TRANSPORTWEGE**
- **ZU WERTSCHÄTZUNG UND FAIRNESS FÜR ALLE MENSCHEN, DIE IN DER WERTSCHÖPFUNGSKETTE DER LEBENSMITTEL BETEILIGT SIND.**
- **GLEICHZEITIG WIRD DIE ARTENVIELFALT DURCH ÖKOLOGISCH PRODUZIERTE LEBENSMITTEL GESCHÜTZT UND IN KLEINEN SCHRITTEN DEM KLIMAWANDEL ENTGEGENGEWIRKT.**
- **UNTERSTÜTZUNG VON ETHISCHER TIERHALTUNG DURCH DEN KAUF VON FLEISCH UND MILCHPRODUKTEN IN HÖCHSTER BIO-QUALITÄT**

Die Lebensmittelbasis der Anti-Stress-Ernährung liegt in Deutschland und den Nachbarländern in Europa. Einige Ausnahmen, wie Pfeffer, Zimt oder Kaffee, werden fair und in höchster biologischer Qualität gekauft. Gerade durch die Corona-Pandemie ist uns wieder bewusster geworden, wie zentral wichtig unsere Ernährung ist. Der Mensch braucht Lebensmittel für den Lebenserhalt und eine gesunde Erde für unsere Gesundheit! Die Pandemie hat uns gezeigt, wie wichtig nachvollziehbare und stabile Lieferketten sind, um unsere Versorgung sicherzustellen. Ein weiterer Grund für regionale und saisonale Ernährung! Vielleicht kommen nicht alle Lebensmittel aus Deutschland oder Ihrer Region, aber auch Regionalität 2.0 aus unseren europäischen Nachbarländern ist eine sehr gute Wahl im Vergleich zu Flugwaren aus anderen Kontinenten.

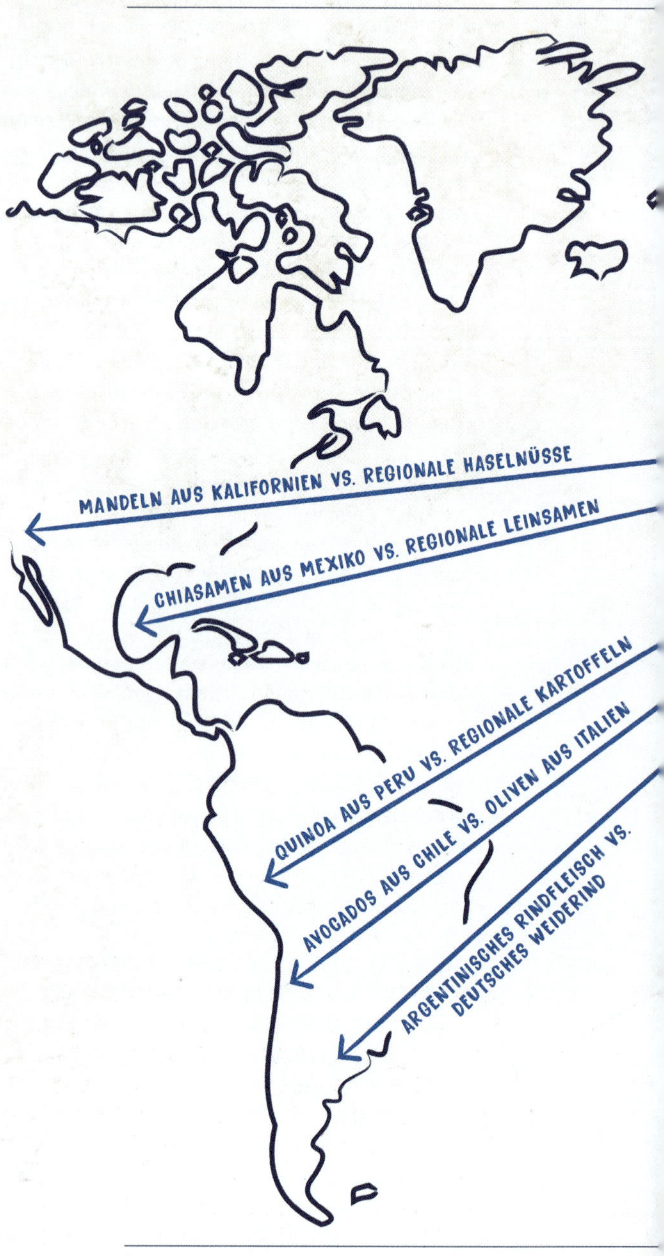

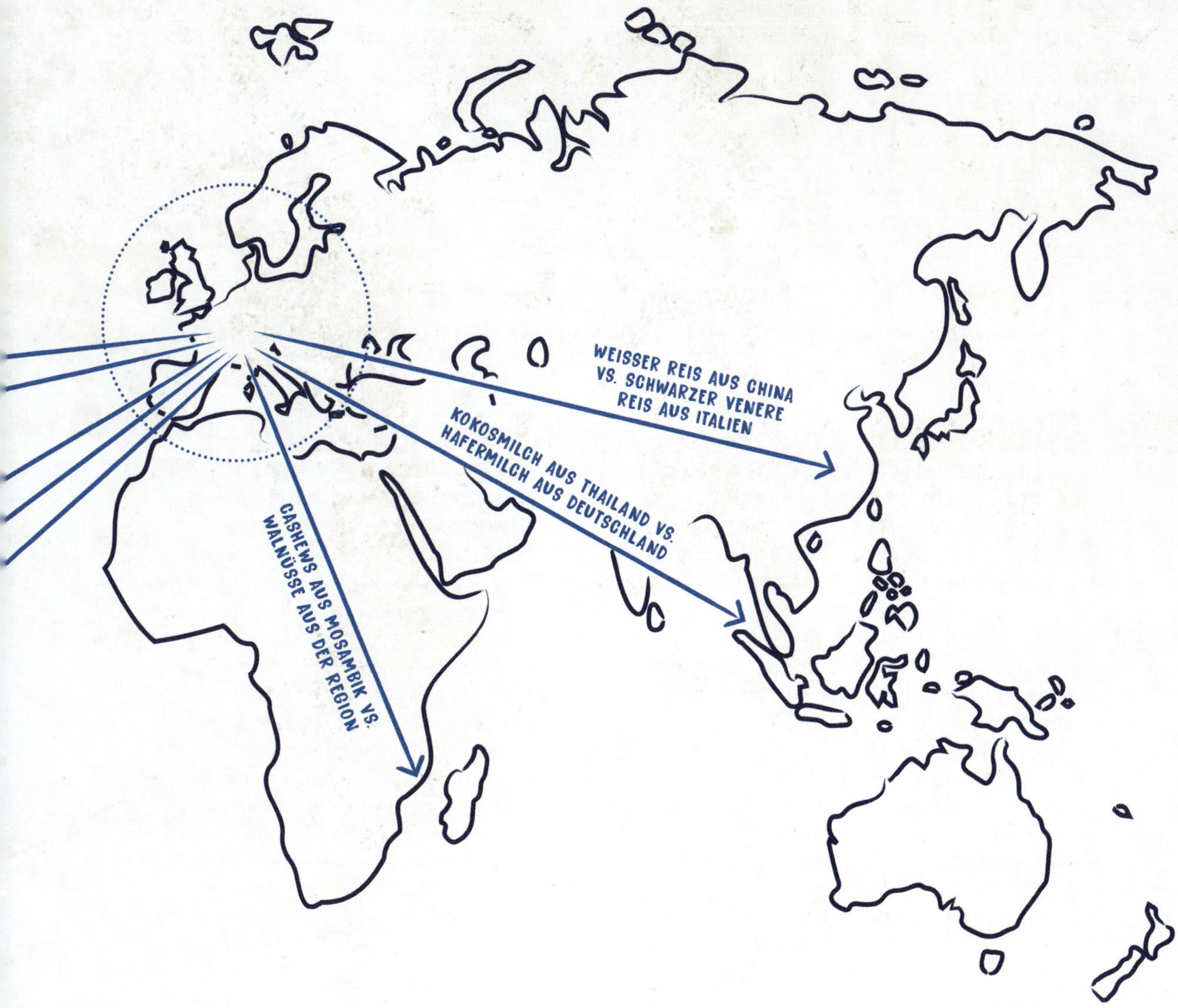
WEISSER REIS AUS CHINA
VS. SCHWARZER VENERE
REIS AUS ITALIEN
KOKOSMILCH AUS THAILAND VS.
HAFERMILCH AUS DEUTSCHLAND
CASHEWS AUS MOSAMBIK VS.
WALNÜSSE AUS DER REGION

DAS ANTI-STRESS-INTERVIEW MIT SOPHIE SCHWEISFURTH

ACHTSAMKEIT BEI LEBENSMITTELN

Foto © Herrmannsdorfer (www.herrmannsdorfer.de)

SOPHIE SCHWEISFURTH,
BIO-UNTERNEHMERIN UND GESCHÄFTSFÜHRERIN DER HERRMANNSDORFER LANDWERKSTÄTTEN

FRAU SCHWEISFURTH, HERRMANNSDORFER IST SEIT JAHREN VORREITER UND PIONIER FÜR LANDWIRTSCHAFT UND ARTGERECHTE TIERHALTUNG. WAS UNTERSCHEIDET IHREN BETRIEB VON KONVENTIONELL PRODUZIERENDEN BETRIEBEN?

Wir sind natürlich zertifiziert, weil uns Achtsamkeit im Umgang mit Boden, Tieren, den produzierten Lebensmitteln und den Menschen wichtig ist. Immer schon war es uns ein Anliegen, neue Wege zu gehen, z. B. mit der Biogasanlage und mit dem Zweinutzungshuhn. Im Unterschied zu konventionell arbeitenden Betrieben sind wir unabhängig vom Großhandel. Bei uns ist alles in einer Hand: Ackerbau, Zucht und Mast der Tiere, Verarbeitung der Pflanzen und Tiere in unseren Werkstätten und der Verkauf an den Kunden. Dadurch können wir so arbeiten, wie es uns wichtig ist – werteorientiert und sehr achtsam im Einklang mit der Natur.

WELCHE VORTEILE HABEN WIR ALS VERBRAUCHER, WENN WIR AUF SAISONALE UND REGIONALE PRODUKTE SOWIE AUF FLEISCH IN BESTER BIO-QUALITÄT UMSTEIGEN?

Mein Großvater hat immer gesagt: „Wir stellen das Lebensmittel zum Leben – also das Mittel zum Leben – so her, dass auch noch Leben drin ist.“ D. h., Herbizide, Pestizide, Antibiotika … all das gibt es bei uns nicht. Wir versuchen, die Produkte so herzustellen, dass die natürliche Eigenschaft der Lebensmittel erhalten bleibt. Bis auf wenige Zutaten (z. B. bestimmte Gewürze) kommt alles aus unserer Region. Das bietet hohe Qualität für den Verbraucher. Wir arbeiten mit ökologisch wirtschaftenden Partnerbauern und Herstellern in der Region zusammen und unterstützen dadurch unsere eigene Region. Auf diese Weise sind die vielen Stufen der Verarbeitung auf kurzem Wege vereint. Das bedeutet, man kennt sich, hat Transparenz und Sicherheit bezüglich der Qualität und ist miteinander im Austausch. Gleichzeitig leisten wir dadurch einen Beitrag zum Schutz von Tier, Umwelt und Menschen.

WELCHE KONSEQUENZEN UND AUSWIRKUNGEN AUF TIERE UND UMWELT HAT DER UMSTIEG AUF ÖKOLOGISCHE LANDWIRTSCHAFT UND ARTGERECHTE TIERHALTUNG?

Der Umstieg trägt zur Nachhaltigkeit bei, weil uns Achtsamkeit im Umgang mit Natur und Umwelt wichtig sind. Wir halten Tiere, um sie dann für unsere Ernährung zu nutzen. Dabei liegt uns das Wohlbefinden des Tieres während seines ganzen Lebens am Herzen und auch wie es geschlachtet wird, ist uns wichtig. Unser Metzger Alex, der seit 30 Jahren diese Arbeit macht, macht das immer sehr würdevoll, auch wenn das Tier letztlich für unsere Ernährung getötet wird. Die Natur wird durch unsere Art der Landwirtschaft nachhaltig geschützt. So wird durch unsere Art der Bodenbearbeitung, (z. B. keine Bearbeitung mit schweren Maschinen ...) das Bodenleben gefördert und der Humusaufbau unterstützt. Unsere Produkte werden in der Region produziert, wir arbeiten mit Partnern in der Region und in der Region werden sie auch direkt vermarktet. Kurze Wege bedeuten: Reduzierung des CO_2-Ausstoßes und Schutz unseres Klimas.

WORAUF RATEN SIE UNS ALS VERBRAUCHER BEIM EINKAUF VON LEBENSMITTELN ZU ACHTEN?

Die Flut an Informationen und viele verschiedene Bio-Labels machen es dem Verbraucher schwer, zwischen den einzelnen Labels zu unterscheiden, die in ihren Anforderungen sehr unterschiedlich hohe Standards haben. Ich würde empfehlen, auf Verbandsware zu achten, wie Bioland, Demeter, Biokreis... Wir werden jährlich überprüft und das bietet für den Verbraucher Orientierung und Sicherheit. Weiterhin empfehle ich, Produkte aus der Region zu bevorzugen.

ACHTSAMKEIT IST EIN WICHTIGER WERT BEI HERRMANNSDORFER. WIE WIRD ACHTSAMKEIT BEI HERRMANNSDORFER GELEBT?

Achtsamkeit leben wir durch unsere Art des Umgangs mit der Natur: dem Boden, den Tieren, den Pflanzen, der Weiterverarbeitung zu Lebensmitteln und mit den Menschen, die hier miteinander dazu beitragen, dass all das gelingt.

WAS IST IHR PERSÖNLICHER ANTI-STRESS-TIPP AN INTENSIVEN ARBEITSTAGEN?

Bei einem solchen Unternehmen dabei zu sein und mithelfen zu können, jeden Tag die Welt ein wenig besser zu machen, macht Freude. Aber klar, Stress gibt es dabei auch. Zum „Kopf auch mal ausschalten“ gibt es für mich drei bevorzugte Tätigkeiten:

- Kochen, alleine oder in Gemeinschaft
- Spazierengehen, frische Luft
- Bewegung und Yoga

WIE IST IHRE PROGNOSE FÜR DIE ERNÄHRUNG DER ZUKUNFT?

Ich schaue mir gerne die Foodtrends an und glaube allerdings nicht, dass wir alle nur noch Insekten essen werden. Für mich ist es für die Zukunft wichtig, sich mit dem Thema Ernährung auseinanderzusetzen. Was essen wir? Wie viel von was essen wir? Muss es immer Fleisch sein? – Es gibt ja auch alternative pflanzliche Proteinquellen. Wenn ich sehe, was gerade alles entsteht (Sharing Community, Umweltschutz) bin ich hoffnungsvoll, weil immer mehr Menschen sich mit diesem Thema auseinandersetzen und so etwas zu einem bewussteren Umgang mit Lebensmitteln beitragen.

SIE HABEN EIN BUCH MIT IHREM GROSSVATER, KARL LUDWIG SCHWEISFURTH, DEM GRÜNDER VON HERRMANNSDORFER GESCHRIEBEN. WAS IST DIE QUINTESSENZ DES BUCHES?

Für mich ist die Quintessenz: Ernähre dich bewusst! Mindestens dreimal täglich beschäftigt sich jeder mit dem Thema Essen. Deshalb macht es Sinn, dem Thema Aufmerksamkeit zu geben und den Lebensmitteln Wertschätzung entgegenzubringen.

HERZLICHEN DANK, FRAU SCHWEISFURTH, FÜR IHRE ZEIT UND DEN EINBLICK, DEN SIE UNS GEGEBEN HABEN.

„ERNÄHRE DICH BEWUSST! MINDESTENS DREIMAL TÄGLICH BESCHÄFTIGT SICH JEDER MIT DEM THEMA ESSEN.“

FRAU SCHWEISFURTH,

DIE 10+1-PRINZIPIEN DER ANTI-STRESS-ERNÄHRUNG

1.

HÖREN SIE AUF, KALORIEN ZU ZÄHLEN – DER INHALT DER KALORIE ZÄHLT

Seit Jahren sind Kalorienzählen, Food-Tracking und Kalorienpunkte-Sammeln ein großer Trend. Wie kann es sein, dass die Statistiken rund um das Thema Gesundheit und Ernährung trotzdem so besorgniserregend sind? Noch mal zur Erinnerung: Mehr als 50 % aller Deutschen sind übergewichtig, 25 % im Adipositasbereich und die Zahl der Diabeteserkrankungen war noch nie so hoch wie in diesem Jahr. Wenn Kalorienzählen einfach, wirksam und umsetzbar wäre, würden die Statistiken vermutlich anders aussehen.

In der Praxis ist Kalorienzählen für die wenigsten dauerhaft umsetzbar. Viel interessanter als Kalorienzählen ist, was immer mehr Studien der letzten Jahre belegen: Dass die Inhalte der Kalorien wichtiger sind als die Anzahl der Kalorien. Durch die Struktur der Anti-Stress-Ernährung werden Sie mit den besten regionalen Lebensmitteln in höchster Qualität versorgt. Durch eine einfach umsetzbare Anti-Stress-Ernährungsformel müssen Sie sich ums Kalorienzählen keine Sorgen machen. Deshalb finden Sie in diesem Buch auch keine Kalorienangaben in den Rezepten. Keiner meiner Kundinnen und Kunden hat je Kalorien gezählt, sondern den Fokus auf eine gesunde Basis und kontrollierten Wahnsinn gelegt.

2.

HALTEN SIE IHREN BLUTZUCKERSPIEGEL KONSTANT – FÜR WENIGER STRESS UND WENIGER STRESSHORMONE

Eine der wichtigsten Erkenntnisse der letzten Jahre in Bezug auf stress- und ernährungsbedingte Erkrankungen ist die Bedeutung eines konstanten Blutzuckerspiegels. Warum ist das so? Und was bedeutet das? Wir sind durch unsere Lebensweise tagtäglich vielen externen Stressoren ausgesetzt. Dabei werden ständig Stresshormone ausgeschüttet. Das wichtigste Stresshormon ist Cortisol. Cortisol sorgt dafür, dass der Körper Energiereserven zur Verfügung stellt, um die „Gefahrensituation" zu bewältigen. Dazu wird Glukose/Zucker in die Blutbahnen gebracht. Da wir extern schon vielen Stressoren und in der Folge Cortisolausschüttungen ausgesetzt sind, ist es enorm wichtig, den Körper von innen, d. h., durch die Ernährung zu stärken. Blutzuckerschwankungen sind belastend für den Körper – „Stress" für den Körper, zusätzlich zum Stress, der von außen auf uns einwirkt. Sobald der Blutzuckerspiegel im Unterzuckerbereich ist und keine Nahrung zugeführt wird, hat der Körper nur eine Regulationsschraube, um wieder in den Normbereich zu kommen und das ist eine Cortisolausschüttung. In einen Unterzuckerbereich fällt man schneller, als man denkt. Zwar ist die Reaktion auf Lebensmittel bei jedem Menschen individuell – trotzdem kann man, statistisch gesehen, relativ genau sagen, dass Weißmehl, Zucker und süßes Obst und natürlich Säfte den Blutzucker in die Höhe schnellen lassen. Nach einem Blutzuckerpeak fällt der Blutzuckerspiegel circa 20-30 Minuten im Anschluss in einen Unterzuckerbereich. Die Folge: Unwohlsein, Heißhunger und Cortisolausschüttung. Oft berichten Menschen davon, dass sie das Gefühl haben, etwas essen zu müssen, weil sie befürchten, sonst umzufallen. Dann werden Traubenzucker, Säfte oder ein Brötchen gegessen, um sich besser zu fühlen – der Blutzucker schnellt wieder nach oben.

Der „Teufelskreis" wird deutlich! Kurzfristig kann der Körper dieses Muster kompensieren – jedoch auf Kosten des Stressresilienzkontigents –

was eigentlich für „richtigen“ Stress gebraucht werden sollte. Langfristig führen die permanenten Blutzuckerschwankungen dazu, dass die Bauchspeicheldrüse „abgenutzt“ wird und im Laufe der Zeit weniger Insulin herstellt. Diabetes Typ II, also eine Insulinresistenz, ist häufig die Folge. Die aktuellen Zahlen zu Diabetes Typ II auf der Welt und in Deutschland zeigen, dass die Regulation von Blutzuckerschwankungen Beachtung braucht, wenn die Entwicklung von Diabeteserkrankungen reduziert oder vermieden werden soll. Was hält den Blutzuckerspiegel konstant? Bei der Anti-Stress-Ernährung haben wir bei jeder der drei Hauptmahlzeiten als Hauptstabilisatoren des Blutzuckerspiegels Proteine, Gemüse und gesunde Fette auf dem Teller. Gleichzeitig wird auf einfache Kohlenhydrate verzichtet und diese werden durch komplexe Kohlenhydrate ersetzt. Über den Tag bis abends wird durch eine kohlenhydratreduzierte Ernährungsweise der Blutzuckerspiegel streng konstant gehalten. Abends kommen dann zusätzlich zu Protein und Gemüse komplexe, vollwertige Kohlenhydrate auf den Teller. Das Schaubild zeigt Ihnen den Mechanismus zwischen einer „normalen“ Ernährung und der „Anti-Stress-Ernährung.“

3.
ESSEN SIE KOHLENHYDRATE AM ABEND

Wahrscheinlich kommen Ihnen diese Aussagen bekannt vor:

- **„WENN DU ABENDS KEINE KOHLENHYDRATE ISST, NIMMST DU SCHNELL AB.“**
- **„ICH HABE NACH 18 UHR KEINE KOHLENHYDRATE GEGESSEN UND IN VIER WOCHEN FÜNF KILO ABGENOMMEN.“**
- **„KOHLENHYDRATE SIND GENERELL SCHLIMM.“**

Schauen wir uns das Thema Kohlenhydrate zuerst aus der Sicht der alltäglichen Ernährungspraxis an, um zu verstehen, warum es sinnvoll ist, abends Kohlenhydrate zu essen. Dazu bitte ich Sie, sich drei Fragen zu beantworten:

1. **WANN ERLEBEN SIE ÜBER DEN TAG GESEHEN DEN MEISTEN STRESS? BEI DER ARBEIT ODER NACH DER ARBEIT?**
2. **WANN FÄLLT ES IHNEN LEICHTER, SICH DISZIPLINIERT ZU ERNÄHREN? HABEN SIE**

SICH SCHON EINMAL MORGENS AUF DEM SOFA BEIM CHIPSNASCHEN ERWISCHT ODER PASSIERT SO WAS EHER ABENDS?

3. **WIE FÜHLEN SIE SICH, NACHDEM SIE EINEN TELLER PASTA GEGESSEN HABEN? VOLLER POWER? ODER WÜRDEN SIE SICH DANN LIEBER ENTSPANNT ZURÜCKLEHNEN UND DIE WOHLIGE, ENTSPANNENDE WIRKUNG DES ESSENS GENIESSEN?**

Deuten Ihre Antworten darauf hin, dass es in der Praxis Sinn machen könnte, Kohlenhydrate abends zu essen? Im Hinblick auf Stressbewältigung durch gezielte Ernährung macht es auf jeden Fall Sinn. Für meine Kunden und Bekannten, die von der Anti-Stress-Ernährung gehört haben, ist der Punkt „Kohlenhydrate am Abend" der größte Gamechanger und der Punkt, an dem es die meisten ungläubigen Blicke gibt. Menschen, die seit Jahren versuchen, abends Kohlenhydrate wegzulassen und es ab und zu schaffen und sonst oft hungrig ins Bett gehen. Mit dem Ergebnis, schlecht zu schlafen und trotzdem kaum abzunehmen. Meine Kunden bestätigen, dass Ihnen die Einhaltung des Anti-Stress-Konzepts leichtfällt, weil Kohlenhydrate am Abend dazugehören. Warum ist das so und warum empfehle ich, in der Anti-Stress-Ernährung, Kohlenhydrate abends zu essen? Grund sind wieder einmal die Stress- und Schlafhormone und besonders das wichtigste Stresshormon Cortisol. Evolutionär gesehen, ist der Cortisolspiegel morgens am höchsten. Dadurch wachen wir auf und sind fokussiert und „on fire" für den Tag. Durch die Jagd, Bewegung und körperliche Betätigungen wurde in früheren Zeiten der Cortisolspiegel im Laufe des Tages abgebaut und mit untergehender Sonne am späten Nachmittag und Abend senkte sich der Cortisolspiegel zur Nacht so ab, dass ein Tiefschlaf möglich war. Beim „Homo digitalis" sieht die Cortisolkurve leider oft anders aus. Eine typische „Managerkrankheit" – ich nenne es den 04:00-Uhr-„Manager-Wake-up" – ist ein plötzliches Aufwachen gegen 4 Uhr nachts. Grund dafür ist oft, dass das Cortisollevel über den Tag nicht ausreichend abgebaut wurde und deshalb bereits um 4 Uhr nachts am Peak ist, statt um 6 Uhr oder 7 Uhr. Kohlenhydrate senken Stresshormone, wie z. B. Cortisol. Das spüren viele Menschen unbewusst. Bisher hat es aber noch kaum Auswirkungen auf unsere Ernährungsgewohnheiten, weil die Wirkungsweise von Kohlenhydraten noch nicht ausreichend bekannt und bewusst ist. Deshalb sind wir in stressigen Situationen gereizt, latent aggressiv und auf der Suche nach Kohlenhydraten, wie Brot, Zucker, Süßigkeiten und Co., weil dadurch dann unser Glückshormom Serotonin ausgeschüttet wird und Cortisol gesenkt wird. Deshalb lieben wir Pasta und Süßigkeiten – denn sie machen uns kurzfristig glücklich! Deshalb nennt man diese Art von Lebensmittel auch „Comfort Food". Wenn wir die Cortisolkurve anschauen und überlegen, wann es Sinn macht, mit Kohlenhydraten den Stresspegel zu senken, dann macht es natürlich Sinn, abends Kohlenhydrate zu essen. Morgens brauchen wir Drive, Antrieb und Fokus - also genau das Gegenteil von dem, was Kohlenhydrate üblicherweise auslösen. Cortisol ist der Gegenspieler unseres wichtigsten Schlafhormons Melatonin. Nur wenn wir abends einen niedrigen Stresslevel haben, können wir viel Melatonin bilden und dadurch in der Folge tief und erholsam schlafen. Melatonin wiederum wird vor allem aus Serotonin gebildet – dem Hormon, das mit der Ausschüttung von Kohlenhydraten produziert wird. Ein weiterer Grund für Kohlenhydrate am Abend!

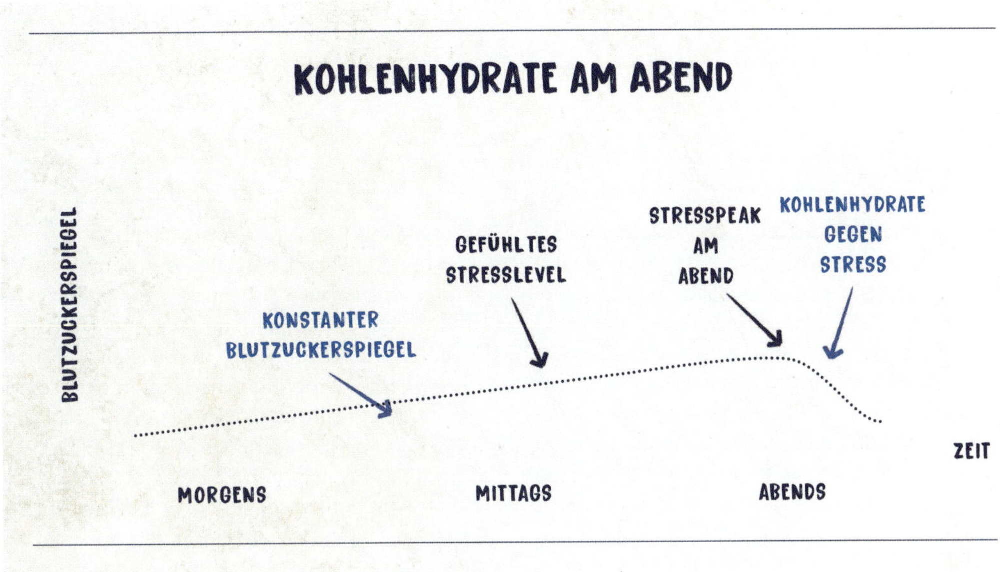

4.

ESSEN SIE TAGSÜBER KOHLENHYDRATREDUZIERT, UM IHREN KÖRPER AUF OPTIMALER FETTVERBRENNUNG LAUFEN ZU LASSEN

Um abends den „Serotonin-Glückshormon-Kick" als Schlafbooster nutzen zu können, ist es wichtig, tagsüber den Blutzucker auf einem konstanten Niveau zu halten und im Gegensatz zu abends Grundnahrungsmittel zu uns zu nehmen, die dafür sorgen, dass wir morgens nicht schon müde und gemütlich werden, sondern die uns fit, aktiv und vital in den Tag starten lassen. Fett, Proteine und Gemüse sorgen morgens und mittags dafür, dass wir Antrieb und Drive haben und nicht schon morgens in ein Blutzuckerloch fallen. Besonders durch das Weglassen von Kohlenhydraten beim Mittagessen können Sie Produktivität, Antrieb und geistige Fitness in der Zeit nach dem Mittagessen steigern. Deshalb verzichten wir bei der Anti-Stress-Ernährung größtenteils auf Kohlenhydrate am Morgen und am Mittag. Anfangs kann es sein, dass es Ihnen schwerfällt, morgens und mittags auf Kohlenhydrate zu verzichten. Warum ist das so? Wir haben im Körper zwei Energiesysteme. Das eine Energiesystem versorgt uns über Kohlenhydrate – das andere über Fett. Durch eine kohlenhydratreiche Ernährung, die in früheren Zeiten durch viel Bewegung und körperliche Arbeit sinnvoll war, sind Ernährungsgewohnheiten entstanden. Unser Körper ist es gewohnt, seine Energie aus Kohlenhydraten zu bekommen. Sobald der Körper keine Kohlenhydrate mehr bekommt, kommt es zu Unwohlsein und Heißhunger, obwohl der Körper theoretisch direkt auf das Energiesystem „Fett" zugreifen könnte. Wenn das Wechselspiel zwischen Kohlenhydrat- und Fettstoffwechsel optimal funktioniert, sprechen wir von einer guten „metabolischen Flexibilität". Diese erreichen wir mit dem Verzicht auf Kohlenhydrate am Morgen und am Mittag und durch 2-3-maliges intermittierendes Fasten am Morgen pro Woche.

5.

ESSEN SIE REGIONALE UND SAISONALE SUPERFOODS

Meine Motivation, mich mit dem Thema Ernährung zu beschäftigen, ist aus meiner eigenen „Leidens"-Geschichte entstanden. Viele Ernährungskonzepte habe ich dabei kennengelernt, selbst ausprobiert und bin doch bei keinem geblieben, weil sie sich nicht als für mich hilfreich und praktikabel erwiesen haben und weil mir wichtige Aspekte dabei nicht ausreichend berücksichtigt sind. Der Blick in viele Kochratgeber zeigt einen häufigen Trend: Die Verwendung von Lebensmitteln, die weit – teilweise sogar sehr weit weg von uns wachsen und angebaut werden. Ist es verwerflich, eine Avocado zu essen, (Anbaugebiete z. B. Chile, Kolumbien oder Peru) oder ein Thai-Curry zu kochen? Natürlich nicht. Ist es sinnvoll, Kokos (Anbau in tropischen Küstenregionen), Gojibeeren (Südosteuropa bis China), Lachs (Problem der Überfischung) oder Rindfleisch aus Argentinien ... zu essen? Natürlich nicht. Es macht jedoch für uns als auch für die Umwelt wenig Sinn und unsere Basisernährung wie in einigen Ernährungskonzepten mit Lebensmitteln aus aller Welt zu gestalten, wenn wir auch etliche regionale Superfoods bei uns in Deutschland und in unseren europäischen Nachbarländern finden. Bei einem Blick auf die Weltkarte zeigt sich der Unterschied zwischen den aktuellen Trends und der Basisernährung aus der Anti-Stress-Ernährung. Natürlich bekommen wir nicht alles aus unserer unmittelbaren Umgebung, vieles aber schon. Und wenn wir Regionalität um unsere europäischen Nachbarländer ergänzen, haben wir im Hinblick auf unseren ökologischen Fußabdruck, CO_2-Bilanz und Transportwege schon einiges erreicht. Um einen Planeten zu erhalten, auf dem auch zukünftige Generationen gut leben können, braucht es dringend Veränderungen. Aber auch bei Lebensmitteln aus fernen Ländern gilt bei der Anti-Stress-Ernährung: nicht entweder-oder, sondern sowohl als auch. Exotische Lebensmittel können in unserer Ernährung etwas Besonderes bleiben. Und etwas Besonderes darf eben auch mehr kosten. Und statt vier Avocados für 1,50 Euro zu essen – reicht es vielleicht auch einmal in zwei Wochen für acht Euro. Dafür können die Bauern und Landwirte in fernen Ländern unter menschenwürdigen Verhältnissen arbeiten, damit eine Basis für eine friedliche und nachhaltige Zukunft auf diesem Planeten entsteht. Die Anti-Stress-Ernährung konzentriert sich auf die 80 % der täglichen Nahrung und damit auf die „Lebensmittelbasis" und dafür haben wir in Deutschland und unseren europäischen Nachbarländern eine so reiche Auswahl an Lebensmitteln, dass wir keine Flug- oder Schiffswaren brauchen. Die Lebensmittelstandards im Bio-Bereich sind in Europa im Vergleich zu anderen Kontinenten sehr hoch. Um regional essen zu können, dürfen wir wieder lernen, saisonal zu denken und zu handeln. In Supermärkten, selbst in Bio-Supermärkten, gibt es in der Regel zu jeder Jahreszeit Gemüse und Obst aus allen vier Jahreszeiten. Selbst im tiefsten Winter bekommen wir Himbeeren aus Peru oder Spanien oder im Sommer können wir im Tiefkühlregal Rotkraut kaufen. Die Omniverfügbarkeit von Lebensmitteln ist für uns selbstverständlich geworden. Luxus oder Problem? Für den Einzelnen ist das im selben Augenblick angenehm, für unser Klima, die Landwirtschaft und letztendlich wieder für uns alle ist das ein existenziell werdendes Problem. Saisonale Ernährung hat nicht nur für die Umwelt große Vorteile, weil Transportwege und Kühlketten wegfallen, sondern auch für uns selbst. Saisonale Ernährung führt über das Jahr weg zu einer natürlichen Rotation bei den Lebensmitteln. Dadurch, dass Lebensmittel ganzjährig konsumierbar sind, ist eine Rotation nicht notwendig. Keine Rotation bedeutet aber auch, keine Variation in der eigenen Lebensmittelpalette. Einer der Hauptgründe für unsere hohen Allergiezahlen und Nahrungsmittelunverträglichkeiten. Ein weiteres wichtiges Argument für eine regionale und saisonale Ernährung ist, dass es keine Nährstoffverluste durch lange Transportwege gibt. Ich empfehle deshalb einen Hofladen oder Gemüsekisten, weil dort die Basisversorgung saisonal ist. Achten Sie aber auch hier auf die Herkunftsangaben der Lebensmittel.

6.
ESSEN UND KAUFEN SIE LEBENSMITTEL IN HÖCHSTER BIO-QUALITÄT

Corona, Schweinegrippe, SARS und weitere, sich schnell ausbreitende Krankheiten machen deutlich, dass Massentierhaltungen und Wildtiermärkte Beschleuniger und teilweise Ursprung solcher Krankheiten sind. Auch in Deutschland beginnt nach zahlreichen Skandalen in Masssentierhaltungsbetrieben langsam ein Umdenken. Dieses Buch soll einen Teil dazu beitragen und Sie dazu inspirieren oder darin bestätigen, Lebensmittel und insbesondere Fleisch in höchster Bio-Qualität zu kaufen. Die verschiedenen Biolabels haben unterschiedlich strenge Qualitätskriterien, was den Verzicht auf Pflanzenschutz- und Düngemittel, höchstzulässige Anzahl von Tieren pro Hektar, artgerechte Haltungsformen, biologische Futtermittel sowie Verbot von präventiver Antibiotikagabe oder das Verbot von Gentechnik angeht. Meine Empfehlung ist es, Nahrungsmittel einzukaufen die mindestens mit dem EU-Bio-Siegel versehen sind (das sechseckige „deutsche Biosiegel" wird aktuell noch parallel verwendet, ist aber veraltet und erfüllt dieselben Standards wie das EU-Bio-Siegel). Das EU-Bio-Siegel ist eines der bekanntesten, weil es das am weitesten verbreitete Label für Nahrungsmittel ist. Im Hinblick auf die Strenge der Kriterien und damit auf die Qualität der Lebensmittel empfehle ich die Wahl von Nahrungsmitteln mit Bio-Siegeln von Bioland, Naturland oder Demeter. Aufgrund der strengen Auflagen für die Produkterzeugung und -verarbeitung spricht man bei den Bio-Siegeln von Naturland, Demeter und Bioland auch von Premium-Bio. Zu diesen drei Verbänden würde ich persönlich noch den „Biokreis" dazuzählen, der ähnliche Standardkriterien von seinen Produzenten und Erzeugern verlangt.

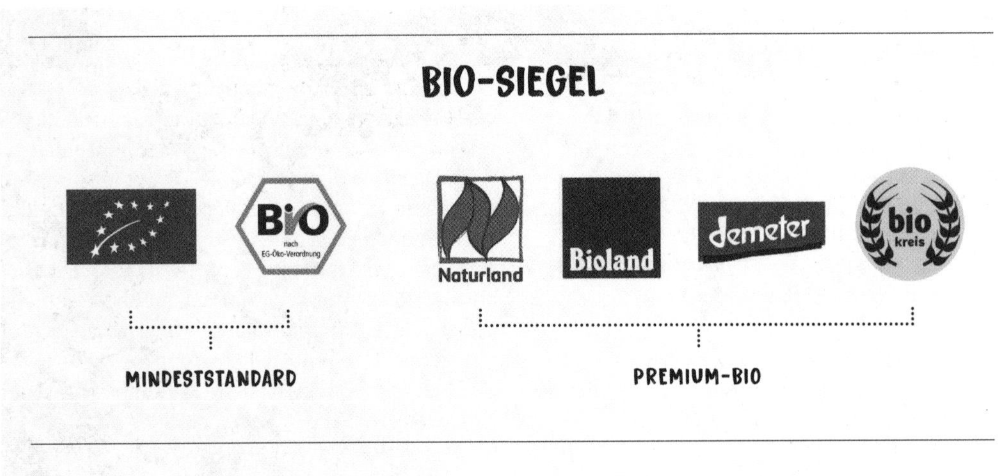

Quellen:
https://www.bmel.de/DE/themen/landwirtschaft/oekologischer-landbau/bio-siegel.html
https://www.bmel.de/DE/themen/landwirtschaft/oekologischer-landbau/eu-bio-logo.html
https://www.naturland.de/ | https://www.biokreis.de/ | https://www.demeter.de/

7.
ESSEN SIE MEHR PROTEINE, ABER WENIGER FLEISCH UND FISCH

Wenn wir an Proteine denken, denken viele Menschen überwiegend an Fleisch. Die Vielfalt an Proteinen ist jedoch sehr viel größer. Der Fleischkonsum in Deutschland wird vom Bundesverband der Deutschen Fleischwarenindustrie e. V. auf rund 60 Kilogramm verzehrtes Fleisch pro Kopf und Jahr geschätzt. Für mehr Tierwohl und ein Ende der bedrückenden Massentierhaltung gibt es – solange es kein massentaugliches „Clean Meat" gibt, nur eine Änderung unseres Konsumverhaltens. Die Anti-Stress-Ernährung möchte nicht zu einer vegetarischen oder veganen Ernährung drängen, sondern möchte den Blick lenken auf die vielen alternativen pflanzlichen Proteinquellen außer Fleisch und zum Ausprobieren einladen. Menschen für bestimmte Verhaltensweisen zu missionieren, ein schlechtes Gewissen zu machen oder ihr Verhalten sogar abzuwerten, führt oft zum Gegenteil und zu Ablehnung. Mein Weg ist pragmatisch und basiert auf Inspiration statt auf erhobenem Zeigefinger. Wenn 80 % der Menschen ihr Verhalten um 20 % ändern ist das in Summe soviel mehr, als wenn 20 % der Menschen dogmatisch 100 % ihres Lebensstils ändern.

ALS FAUSTREGEL FÜR BERECHNUNGEN DES EIGENEN PROTEINBEDARFS GILT: 0,8 G–1,0 G PROTEIN PRO KILOGRAMM KÖRPERGEWICHT.

Als Beispiel sollte eine Frau mit 68 Kilogramm zwischen 55 und 68 Gramm Protein am Tag über die Nahrung zu sich nehmen.

Eiweißreiche Ernährung ist lange als „Ernährung für Bodybuilder", teilweise durch exorbitanten Hühnchen- und Thunfischkonsun, teilweise zu Recht, belächelt worden. In den letzten Jahren hat das Thema eiweißreiche Ernährung auch bei Medizinern in den Themenbereich Immunsystem, Neurotransmitter, Diabetes, Adipositas, Bluthochdruck oder metabolisches Syndrom Anklang gefunden und auch Muskelabbau im Alter, die Sarkopenie, stellt laut der Deutschen Gesellschaft für Innere Medizin (DGIM) ein weithin unterschätztes Gesundheitsproblem dar, dem mit einer eiweißreichen Ernährung präventiv entgegengewirkt werden kann.

8.
HÖREN SIE AUF, VOR EINEM BILDSCHIRM ZU ESSEN

Unser Nervensystem wird im 21. Jahrhundert besonders durch visuelle Reize gefordert und oft überfordert. Die Augen schauen beim Weg zur Arbeit aufs Handy, bei der Arbeit oft auf Bildschirme und abends möglicherweise auf den Laptop oder auf den Fernsehbildschirm. So sieht die Realität oft aus und soll nicht wertend gemeint sein. Die aktuelle Bildschirmzeit jedes Deutschen liegt bei mehreren Stunden täglich. Oft wird sogar das Mittagessen am Handy, oder beim Arbeiten am Bildschirm gegessen. Wenn man mit Kollegen zum Mittagessen geht, steigert das zwar die Wahrscheinlichkeit, nicht nur vor dem Bildschirm zu sitzen. Allerdings werden Handys auch beim gemeinsamen Mittagessen oft selbstverständlich genutzt. Im Homeoffice ist die Gefahr, vor einem Bildschirm zu sitzen, noch größer. Warum ist es schädlich, vor dem Bildschirm zu essen? Unser autonomes Nervensystem besteht aus zwei unterschiedlichen Systemen. Dem Sympathikus – dem aktivierenden Teil des Nervensystems und dem Parasympathikus – dem entspannenden Teil des Nervensystems. Sobald wir auf ein Handy, Tablet, Fernsehen oder sonstige Bildschirme schauen, wird der aktivierende Teil des Nervensystems – der Sympathikus – aktiviert. Der Umfang der Nutzung digitaler Medien führt dazu, dass bei der Mehrzahl der Menschen der aktivierende Teil des Nervensystems überaktiviert ist – die Folge ist, der Mensch ist gestresst. Essen am Bildschirm führt dazu, dass die Mikronährstoffaufnahme, die Verdauuungsprozesse und die Verstoffwechslung nicht optimal funktionieren kann. Wenn wir uns eine kleine Achtsamkeitspause beim Essen gönnen, uns nicht durch digitale Dinge ablenken lassen, und wirklich „nur" essen, kann unser Körper Mikronährstoffe besser aufnehmen, und unser Immunsystem besser versorgen. Unsere Verdauung funktioniert besser und der entspannende Teil des Nervensystems – der Parasmpathikus – wird aktiviert. Natürlich gibt es Situationen, in denen es nicht anders geht. Wir scheitern aber meistens nicht an den Situationen, in denen es nicht anders geht, sondern an der Mehrzahl der Situationen, an denen wir uns anders entscheiden könnten.

9. ESSEN SIE ACHTSAM UND MACHEN SIE SICH DIE REISE IHRER LEBENSMITTEL BEWUSST

Eine schöne Übung, um den eigenen Achtsamkeitslevel beim Essen zu überprüfen, ist, sich vorzustellen, sich aus der Vogelperspektive zu beobachten und dann zu überlegen, wie sich der „Zuschauer" von oben beim Anblick des eigenen Essverhaltens fühlen würde. „Wie isst dieser Mensch?" Was isst dieser Mensch? Wo isst dieser Mensch? Versuchen Sie, dem Zuschauer ein möglichst angenehmes Gefühl bei Ihrem eigenen Anblick beim Essen zu machen. Entwickeln Sie auch im Alltag eine Genussfähigkeit für Ihr Essen und machen Sie Ihre drei Mahlzeiten am Tag zu kleinen Auszeiten ohne Ablenkung, mit gedrosseltem Tempo – ein Punkt, an dem ich übrigens auch selbst noch arbeite. Essen Sie möglichst oft am Tisch. Mittlerweile isst knapp die Hälfte der Deutschen regelmäßig nicht mehr am Tisch. Eine weitere Übung, die mir dabei geholfen hat, mein Achtsamkeitslevel beim Essen zu erhöhen, ist es, mir die Reise der Lebensmittel auf meinem Teller bewusst zu machen. Wo kommen die Lebensmittel her, die ich esse? Wie wurden Sie produziert? Wie sind sie gewachsen und welche Menschen, die unsere Nahrung anbauen, ernten und verarbeiten, unterstütze ich mit meinem bewusst hochwertigen Lebensmitteleinkäufen? Sie werden merken, wie sich Ihre Wertschätzung und Dankbarkeit nicht nur für Ihr Essen auf dem Teller, sondern auch für andere Dinge im Leben erhöht. Seien Sie gut zu sich und machen Sie sich trotz der äußeren Umstände ein „schönes" Leben. Die täglichen Mahlzeiten sind eine hervorragende Praxisübung, um sich selbst Gutes zu tun!

10. TRINKEN SIE NUR WASSER, TEE, KAFFEE UND … ALKOHOL

Nicht nur Essen hat eine enorme Wirkung auf Körper, Geist, Seele und Umwelt. Genauso wichtig ist die Flüssigkeit, die wir brauchen. Wenn meine Kunden mich fragen, was sie trinken sollen, antworte ich immer: Wasser, Kaffee, Tee, immer … und Alkohol - aber nur am Wochenende. Aber der Reihe nach. Beim Wasser gilt eine Wasserzufuhr von 30 ml pro Kilogramm Körpergewicht. Bei 65 Kilogramm bedeutet das eine Wasserzufuhr von 1,95 Litern und bei 90 Kilo eine Zufuhr von 2,7 Litern. Trinken Sie möglichst stilles Wasser. Eine gute Gewohnheit ist es, direkt nach dem Aufstehen ein großes Glas Wasser zu trinken. Gerade im Homeoffice bietet es sich an, nachdem der eigene Wasserbedarf berechnet wurde, Karaffen mit der entsprechenden Wassermenge zu befüllen und sich die Regel aufzuerlegen, die Karaffen bis vor dem Schlafengehen leer zu trinken. Kaffee zählt offiziell zur Flüssigkeitszufuhr dazu, ich empfehle aber einen maximalen Kaffeekonsum von drei Tassen pro Tag. Ansonsten werden Ihre Stresshormone zu sehr in Mitleidenschaft gezogen. Wenn möglich, zwei Tassen morgens, eine Tasse mittags und spätestens ab 16 Uhr kein Kaffee mehr. Der Grund, der gegen eine spätere Kaffeezufuhr spricht, ist seine Halbwertzeit. Sie liegt bei 3-5 Stunden. Das heißt, die Hälfte des zugeführten Kaffees ist noch Stunden später im Körper. Kaffee führt zur Cortisolausschüttung und bremst die Melatoninproduktion - also die Produktion des Hormons, das für erholsamen Schlaf erforderlich ist. Deshalb: Kaffee nach 16 Uhr vermeiden. Kaffee ist leider eines der wenigen Grundnahrungsmittel der Anti-Stress-Ernährung, das sich in der Wirkung und im Geschmack nicht durch regionale Produkte ersetzen lässt. Zwar gibt es regionale Alternativen aus Löwenzahnwurzel, Getreide, Lupine, Esskastanien oder Eicheln, die jedoch hinsichtlich ihrer Wirkung auf Neurotransmitter durch das Koffein und den Geschmack für mich keine wirklichen Alternativen darstellen. Geben Sie den Produkten aber selbst eine Chance, vielleicht wird eine der Alternativen für Sie die erste Wahl. Achten Sie beim Kaffeekauf auf das Fair-Trade-Label und oder das Biolabel. Bei Tee gilt wie beim Kaffee: Vorsicht vor dem Koffein in der zweiten Tageshälfte. Schwarzer, grüner und weißer Tee enthält Koffein in unterschiedlichen Mengen. Deshalb gilt hier die gleiche Regel wie bei Kaffee: möglichst kein koffeinhaltiger Tee nach 16 Uhr. Koffeinfreie Teesorten wie Pfefferminze oder andere Kräutertees sind gute geschmackliche Alternativen zum Wasser und werden ebenfalls zum Wasserkonsum hinzugerechnet. Tee aus frischen Kräutern zu machen, ist lecker und gesund zugleich. Bevorzugen Sie regionale Teesorten wie Pfefferminztee, Fencheltee oder Kamillentee. Wichtig: Gewöhnen Sie sich für ein gutes und langes Leben, mit einem konstanten Blutzuckerspiegel, den für viele obligatorischen Zucker im Kaffee ab. Bei drei Tassen Kaffee mit jeweils einem Teelöffel Zucker sind das pro Jahr über 1.000 Teelöffel Zucker, was fast 2.000 Würfelzuckerstücken pro Jahr entspricht die Sie einsparen. Alkohol ist natürlich mit einem Augenzwinkern gemeint. Fakten sind (Deutsche Hauptstelle für Suchtfragen, Jahrbuch Sucht 2018): Im Jahr 2016 betrug der Pro-Kopf-Konsum an alkoholischen Getränken in der Bundesrepublik 133,8 Liter. Das entspricht 9,5 Liter reinem Alkohol. 96,4 % der Bevölkerung im Alter zwischen 18 und 64 Jahren trinkt Alkohol. Etwa 1,61 Millionen Männer und Frauen im Alter zwischen 18 und 64 Jahren trinken missbräuchlich Al-

BITTE: ACHTEN SIE BEIM KAFFEEKAUF AUF DAS FAIR-TRADE-LABEL UND/ ODER DAS BIOLABEL.

kohol. Sie nehmen körperliche, psychische und soziale Folgen in Kauf. Männer trinken durchschnittlich deutlich mehr als Frauen. Besonders „Workaholics" neigen zu täglichem Alkoholkonsum, weil sie durch Alkohol kurzfristig eine entspannende Wirkung erleben. Zwar nimmt der Alkoholkonsum in den letzten Jahren ab, Deutschland gilt aber weiterhin als „Hochkonsumland". Im Rahmen meiner Beschäftigung mit dem Thema Stress und Ernährung ist mir immer deutlicher geworden, wie problematisch ein täglicher Alkoholkonsum ist. Das Glas Wein am Abend oder die Flasche Bier sind vielen zur lieb gewonnenen Gewohnheit geworden. Für den Körper aber ist diese Regelmäßigkeit eine hohe Belastung. Deshalb meine Empfehlung – lieber selten und einen Schluck mehr als täglich ein wenig. Wichtig: Im Laufe der letzten Jahre habe ich die Erfahrung mit meinen Kunden gemacht, dass Alkohol an mehr als an maximal zwei Tagen die Woche zu einem kompletten Stillstand positiver Entwicklungen bei Gewichtsoptimierungen führt. Trotz teils erheblichen Sportprogramms. Wie sehr Alkohol im Alltag und am Wochenende natürlich auch schadet und besonders den Schlaf beeinträchtigt, zeigt das Schaubild der Stressmessung von „Firstbeat" im Abschnitt „Stressmessung".

+1

DAS WICHTIGSTE PRINZIP ZUM SCHLUSS: HÖREN SIE AUF, PERFEKT SEIN ZU WOLLEN

Wie viele Menschen kennen Sie, die perfekt sind? Und warum haben Sie dann diesen Anspruch an sich? Es wird Tage geben, an denen Ihnen die Umsetzung nicht gelingen wird. Es wird Tage geben, an denen Sie Ausnahmen machen werden. Hören Sie auf mit schlechtem Gewissen, Selbstvorwürfen und der Abwertung von sich selbst. Versuchen Sie, jeden Tag das für Sie Bestmögliche zu geben. Perfektionismus wird zu abnehmender Motivation führen und Sie werden das Konzept nicht dauerhaft umsetzen. Ausnahmen gehören dazu. Falls aber die Ausnahme die Regel wird, ist es keine Regel. Denken Sie daran, Sie machen es für niemand anderen, außer für sich selbst!

AUSNAHMEN GEHÖREN DAZU. FALLS ABER DIE AUSNAHME DIE REGEL WIRD, IST ES KEINE REGEL. DENKEN SIE DARAN, SIE MACHEN ES FÜR NIEMAND ANDEREN, AUßER FÜR SICH SELBST!

DIE ANTI-STRESS-ERNÄHRUNGSFORMEL

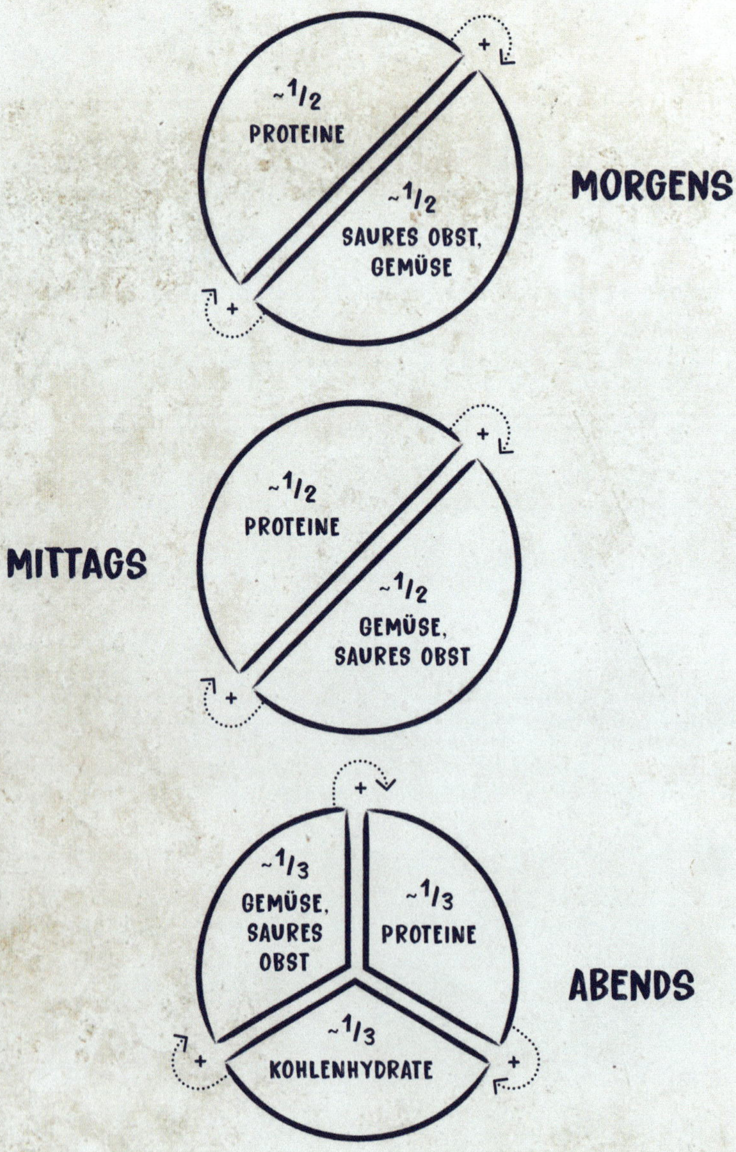

3 MAHLZEITEN AM TAG → 21 MAHLZEITEN PRO WOCHE

KAPITEL 5

DIE UMSETZUNG DER ANTI-STRESS-FORMEL

Dass ich in diesem Leben eine Formel entwickle, hätten weder ich noch meine Eltern und schon gar nicht meine Mathematiklehrerin gedacht. Streng genommen ist es natürlich keine mathematische Formel, sondern in Zahlen dargestellt die Zusammenstellung der Komponenten der Anti-Stress-Ernährung als Vereinfachung des Modells, das hinter meinem Ernährungskonzept steht. Wir gehen immer davon aus, wie eine Mahlzeit auf dem Teller aussieht. Pragmatisch. Einfach. Universell einsetzbar.

DIE ANTI-STRESS-ERNÄHRUNGS-FORMEL LAUTET:

MORGENS (1/2 + 1/2) + MITTAGS (1/2 + 1/2) + ABENDS (1/3 + 1/3 + 1/3)

= STRESSFREI FÜR KÖRPER, GEIST, SEELE UND UMWELT

MORGENS: HÄLFTE SAURES OBST ODER GEMÜSE UND HÄLFTE PROTEINE

Das Frühstück besteht zur Hälfte aus saisonalem, regionalem und biologischem saurem Obst bzw. Gemüse und aus regionalen und biologischen Proteinquellen.

MITTAGS: HÄLFTE SAURES OBST ODER GEMÜSE UND HÄLFTE PROTEINE

Das Mittagessen besteht zur Hälfte aus saisonalem, regionalem und biologischem Gemüse und aus regionalen und biologischen Proteinquellen.

ABENDS: DRITTEL GEMÜSE, DRITTEL PROTEINE, DRITTEL KOMPLEXE KOHLENHYDRATE

Das Abendessen besteht zu einem Drittel aus saisonalem, regionalem und biologisch angebautem Gemüse, aus einem Drittel regionalen und biologischen Proteinquellen und zu einem Drittel aus biologisch angebauten, regionalen und hochwertigen Kohlenhydraten.

WELCHE VORTEILE HAT DIE ANTI-STRESS-ERNÄHRUNG MIT DIESER EINFACHEN FORMEL FÜR SIE?

- KNAPP 44 % UNSERER NAHRUNGSAUFNAHME WIRD ÜBER SAURES OBST UND GEMÜSE ABGEDECKT.
- IHR BLUTZUCKERSPIEGEL BLEIBT TAGSÜBER KONSTANT DURCH DIE VERMEIDUNG „OFFENSICHTLICHER“ KOHLENHYDRATE.
- DER KOHLENHYDRATKICK AM ABEND UNTERSTÜTZT DAS HERUNTERFAHREN DES AKTIVIERENDEN TEILS DES NERVENSYSTEMS (SYMPATHIKUS) UND DER STRESSHORMONE. GLEICHZEITIG FÖRDERT EINE GEWISSE MENGE KOHLENHYDRATE DAS HOCHFAHREN DES ENTSPANNENDES TEILS DES NERVENSYSTEMS UND DER FÜR DEN SCHLAF WICHTIGEN HORMONE SEROTONIN, GABA UND MELATONIN.
- UNIVERSELL UMSETZBARE FORMEL, OB IM HOMEOFFICE, RESTAURANT, KANTINE ODER IM URLAUB.
- KEIN KALORIENZÄHLEN NOTWENDIG UND KEIN VERZICHT AUF KOHLENHYDRATE AM ABEND.

DAS FRÜHSTÜCK

Um energiegeladen und leistungsfähig in den Tag zu starten, ist ein proteinreiches Frühstück die beste Wahl. Kombinieren Sie Proteine mit saurem Obst oder Gemüse aus dem Anti-Stress-Saisonkalender. Im nächsten Kapitel finden Sie leckere Rezepte für einen optimalen Start in den Tag. An zwei bis drei Tagen in der Woche empfehle ich intermittierendes Fasten am Morgen, um die Stoffwechselflexibilität zu behalten und von den gesunden Effekten des Fastens zu profitieren. Gerade in stressigen Zeiten ist es aus meiner Erfahrung nicht empfehlenswert, täglich zu fasten, sondern richtig zu frühstücken. An den Tagen, an denen Sie morgens nichts essen, empfehle ich einen Butterkaffee oder Tee in der Früh zu trinken. Die Butter kann durch pflanzliche Öle wie Albaöl ersetzt werden. Das Fett sorgt dafür, dass der Blutzucker im Laufe des Vormittags stabil bleibt und es zu keinen großen Blutzuckerschwankungen und somit auch nicht zu großen Cortisolausschüttungen kommt. Zählen Sie an Tagen, an denen Sie morgens auf ein „richtiges“ Frühstück verzichten, den Butterkaffee als Mahlzeit, sodass Sie am Ende der Woche auf Ihre 21 Mahlzeiten kommen.

DAS MITTAGESSEN

Häufig kommt es nach dem Mittagessen zu einen Leistungs-, Stimmungs- und Energietief. Mit der Anti-Stress-Ernährung verhindern wir genau das. Der Verzicht auf offensichtliche Kohlenhydrate wie Nudeln aus Getreide, Kartoffeln, Reis oder Brot sorgt dafür, dass unser Blutzuckerspiegel auch nach dem Mittagessen konstant bleibt und somit das „Foodkoma“ nach dem Essen ausbleibt und Sie erstens von morgens bis abends leistungsfähig sind und zweitens den ganzen Tag im Fettverbrennungsmodus sind. Beim Mittagessen gilt wie beim Frühstück: halb Proteine, halb saures Obst oder Gemüse. Falls Sie doch einmal von zu Hause weg sind, bei der Arbeit, im Urlaub oder in einem Restaurant sind, auch dort ist es einfach, die offensichtlichen Kohlenhydrate wegzulassen. Fassen Sie den Brotkorb im Restaurant gar nicht erst an und bestellen Sie sich ein Gericht, was in das Anti-Stress-Konzept passt und bitten Sie den Kellner, bei Bedarf die offensichtlichen Kohlenhydrate bei Ihrem Gericht wegzulassen. Bestellen Sie beispielsweise bei einem Gericht mit Fisch, Gemüse und Kartoffeln nur den Fisch und das Gemüse.

DAS ABENDESSEN

Beim Abendessen nutzen wir die beruhigende und serotoninfördernde Wirkung der Kohlenhydrate, um Körper, Geist und Seele auf den Schlaf vorzubereiten. Wichtig ist, an dieser Stelle zu betonen, dass die offensichtlichen Kohlenhydrate nur ein Drittel des Abendessens ausmachen - große Mengen an Kohlenhydraten würden verhindern, dass

GERADE IN STRESSIGEN ZEITEN IST ES AUS MEINER ERFAHRUNG NICHT EMPFEHLENSWERT, TÄGLICH ZU FASTEN, SONDERN RICHTIG ZU FRÜHSTÜCKEN.

Sie tiefe Schlafphasen haben und nicht vollständig erholt aufwachen. Abends sollte Ihr Teller so aussehen, dass sich ein Drittel offensichtliche Kohlenhydrate, ein Drittel Proteine und ein Drittel Gemüse oder saures Obst auf dem Teller befindet. Keine Regel funktioniert ohne Ausnahmen. Und wenn Sie doch einmal Lust auf einen Nachtisch am Abend haben, machen Sie ihn so gesund wie möglich. Im Rezeptteil finden Sie leckere und gesunde Inspirationen für einen Anti-Stress-Snack. Essen Sie den Anti-Stress-Snack möglichst direkt und noch am Tisch, um erstens die Bauchspeicheldrüse zu entlasten und zweitens um Nachtisch, Snacks oder Süßigkeiten aus Ihrer Gewohnheitsstruktur abends vom Sofa zu entkoppeln. Mein Achtsamkeitstipp am Abend: Erfahrungsgemäß hilft es beim Thema Selbstdisziplin im Hinblick auf Süßigkeiten und Snacks am Abend, wenn Sie unmittelbar nach der Hauptmahlzeit die Zähne putzen. Es ist wie ein Abschlussritual fürs Essen an diesen Tag und funktioniert in der Praxis mit meinen Kundinnen und Kunden sehr gut!

OBST- UND GEMÜSE BEI DER ANTI-STRESS-ERNÄHRUNG

Bei Obst und Gemüse gilt: je regionaler und saisonaler, desto besser. Die höchste Qualität bekommen Sie bei Obst und Gemüse, die mit einem Siegel der Bio-Premiumanbieter ausgezeichnet sind: Demeter, Naturland oder Bioland. Selbst bei Discountern sind diese Anbieter mittlerweile gelistet. Selbstverständlich gibt es auch Bauern und Hofläden, die hervorragende Qualität bieten, sich aber nicht biozertifizieren lassen. Suchen Sie das Gespräch und fragen Sie nach der Art des Anbaus oder dem Einsatz von Pestiziden. Meine Empfehlung beim Einkauf von Obst und Gemüse ist eindeutig, einen Ökokistenanbieter zu kontaktieren und sich wöchentlich frisches Obst und Gemüse - oft vom eigenen Acker nach Hause liefern zu lassen. Geben Sie einfach „Ökokiste" und Ihren Wohnort in eine Suchmaschine Ihrer Wahl ein und suchen Sie sich einen Anbieter. Seit fünf Jahren klingelt es bei mir freitagmorgens und frisches, leckeres, gesundes, regionales und saisonales Gemüse steht vor der Tür. Viele Ökokistenanbieter haben zahlreiche weitere Lebensmittel im Angebot, die sich oft bequem online zusammenstellen lassen. Für mich hat die Anschaffung einer Ökokiste sehr viel Stress beim Einkaufen genommen und die Qualität und Frische des Obsts und Gemüses sind mit herkömmlichen Lebensmitteln vom Discounter nicht zu vergleichen. Gönnen Sie sich diesen Luxus – er wird Ihr Leben bereichern. Im nachfolgenden Anti-Stress-Saisonkalender finden Sie die Jahreszeit, in denen die regionalen Obst- und Gemüsesorten Saison haben und die überwiegend sauer sind, also nicht so viel Zucker und Fruchtzucker enthalten. Mittlerweile gibt es auch sehr viele gute Tiefkühlprodukte, auf die zurückgegriffen werden kann. So können Sie beispielsweise für das Frühstück mit Beeren oder Smoothies im Winter auf Bio-Tiefkühlbeeren zurückgreifen. Machen Sie auch hier keine Kompromisse und achten Sie auf das Bio-Label.

BEI OBST UND GEMÜSE GILT: JE REGIONALER UND SAISONALER, DESTO BESSER.

DER ANTI-STRESS-ERNÄHRUNGS-
SAISONKALENDER
GEMÜSE & OBST

SAISONAL – REGIONAL – BIOLOGISCH

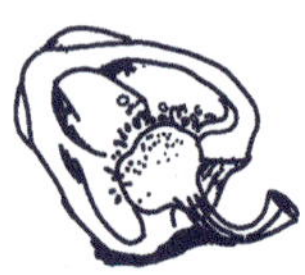

FRÜHLING	SOMMER	GEMÜSE & SALAT	HERBST	WINTER
	✓	AUBERGINE	✓	
	✓	BATAVIA-SALAT	✓	
✓		BÄRLAUCH		
	✓	BLUMENKOHL	✓	
	✓	BOHNEN, GRÜN	✓	
	✓	BROKKOLI	✓	
✓	✓	CHAMPIGNONS	✓	✓
✓		CHICORÉE		✓
	✓	CHINAKOHL	✓	✓
	✓	EICHBLATTSALAT	✓	
	✓	ENDIVIENSALAT	✓	✓
✓		FELDSALAT		✓
	✓	FENCHEL	✓	
	✓	FRÜHLINGSZWIEBELN	✓	✓
		GRÜNKOHL		✓
	✓	GURKEN		
	✓	KAROTTEN	✓	
	✓	KNOLLENSELLERIE	✓	
	✓	KOHLRABI	✓	
	✓	KOPFSALAT	✓	
		KÜRBIS	✓	✓
✓	✓	LAUCH	✓	✓
	✓	LOLLO ROSSA/BIONDA	✓	
		MAIS	✓	
	✓	MANGOLD	✓	
	✓	PAPRIKA	✓	
✓		PASTINAKEN	✓	✓
	✓	PFLÜCKSALAT	✓	
	✓	RADICCHIO	✓	
	✓	RADIESCHEN	✓	
	✓	RETTICH	✓	✓

FRÜHLING	SOMMER		HERBST	WINTER
	✓	ROMANA		
✓		ROSENKOHL		✓
	✓	ROTE BEETE	✓	✓
	✓	ROTKOHL	✓	✓
	✓	RUCOLA	✓	✓
		SCHWARZWURZEL	✓	✓
✓	✓	SPARGEL,GRÜN		
✓	✓	SPINAT	✓	
	✓	SPITZKOHL	✓	✓
	✓	STAUDENSELLERIE	✓	
		STECKRÜBEN	✓	✓
	✓	TOMATEN	✓	
✓		WEISSKOHL	✓	✓
✓		WIRSING	✓	✓
	✓	ZUCCHINI	✓	
	✓	ZUCKERSCHOTEN	✓	
✓	✓	ZWIEBELN	✓	✓

SAURES OBST

FRÜHLING	SOMMER		HERBST	WINTER
✓		APFEL	✓	✓
		BIRNE	✓	✓
	✓	BLAUBEERE	✓	
	✓	BROMBEERE	✓	
✓	✓	ERDBEERE	✓	
	✓	HIMBEERE	✓	
	✓	JOHANNISBEERE	✓	
	✓	MIRABELLE	✓	
	✓	PFLAUME	✓	
		QUITTE	✓	✓
✓	✓	RHABARBER		
	✓	SAUERKIRSCHE	✓	
	✓	STACHELBEERE	✓	
	✓	TRAUBE	✓	
	✓	WASSERMELONE		
		ZWETSCHGE	✓	
		(MANDARINE)	✓	✓
		(ORANGE)	✓	✓

DAS ANTI-STRESS-INTERVIEW MIT LEONIE SCHMID

STRESSFREIER ANBAU VON OBST UND GEMÜSE

Foto © Katrin Winner

LEONIE SCHMID

BETREIBT DIE BIOLAND-ZERTIFIZIERTE OBST- UND GEMÜSEGÄRTNEREI SCHMID GEMEINSAM MIT IHREN ELTERN, DIE MIT IHRER BIO-GÄRTNEREI SEIT 1987 IN GLONN ZUHAUSE SIND.

FRAU SCHMID, WAS SIND DIE WESENTLICHEN UNTERSCHIEDE BEIM BIOLOGISCHEN ANBAU VON OBST UND GEMÜSE IN IHREM BETRIEB, IM VERGLEICH ZU KONVENTIONELLEN BETRIEBEN?

Wir denken und arbeiten ganzheitlich, das heißt, wir beziehen Naturschutz, den Schutz des Bodens und des Wassers, in unsere Überlegungen ein. Auf synthetische Spritzmittel und Dünger verzichten wir ganz. Das ist der grundlegende Unterschied zu konventionell arbeitenden Betrieben.

WELCHE VORTEILE HAT DER VERBRAUCHER DURCH DEN KAUF VON OBST UND GEMÜSE AUS BIOZERTIFIZIERTEN BETRIEBEN WIE IHNEN? UND SIND BIO-OBST UND BIO-GEMÜSE PER SE GESÜNDER?

Ja, ich halte biologisch erzeugtes Obst und Gemüse für gesünder als konventionell angebautes. Wir verzichten ja vollständig auf synthetische Dünge- und Hilfsmittel: deren Rückstände finden sich in unserem Obst und Gemüse nicht. Darüber hinaus unterstützen unsere Kunden einen Anbau, der nicht ausschließlich auf den Ertrag abzielt, sondern bei dem auch der Geschmack eine ganz besondere Rolle spielt. Und wir achten darauf, dass wir Sorten anbauen, die besonders viele positive Inhaltsstoffe enthalten.

SIE SIND EIN BIOLAND-ZERTIFIZIERTER BETRIEB. KÖNNEN SIE UNS EINEN KURZEN ÜBERBLICK GEBEN, WELCHE KRITERIEN VON BIOLAND GEPRÜFT WERDEN, UM EINE ZERTIFIZIERUNG ZU BEKOMMEN?

Es gibt eine Kontrollstelle, die nicht nur die Bioland-Zertifizierung, sondern auch das europäische Bio-Siegel vergibt. Wir werden einmal im Jahr geprüft und kontrolliert. Entsprechen die zugekauften Jungpflanzen den Bio-Kriterien? Ist das verwendete Saatgut Bio-Saatgut? Und falls es ein bestimmtes Saatgut in Bio-Qualität auf dem Markt nicht gibt: Ist es frei von Behandlung durch Pilzmittel oder Ähnlichem? Da wird nicht nur in die Bücher geschaut, sondern auch der Saatgutschrank kontrolliert. Ebenso werden die Bodenproben bewertet, die Kulturen auf dem Acker werden geprüft - und die Kontrolleure schauen auch im Schuppen nach Dünger und Erden.

WELCHEN EINFLUSS HAT DER BIOLOGISCHE ANBAU AUF UMWELT UND ARTENVIELFALT?

Wir interpretieren Bio-Anbau so, dass wir eine große Vielfalt in unserem Anbau haben. Wir bauen bis zu 50 verschiedene Kulturen an. Das hat nicht nur den Vorteil einer Risikoverteilung für uns als Unternehmer (wenn eine bestimmte Kultur z. B. aus klimatischen Gründen nicht den gewünschten Ertrag bringt), sondern sorgt auch dafür, dass wir eine große Vielfalt – sowohl über der Erde auch als unter der Erde – haben. Die unterschiedliche Durchwurzelung trägt zu einer angemessenen Nutzung des Bodens bei. Auf über der Hälfte unserer Flächen bauen wir Zwischenfrucht oder Gründung an, sodass der Boden fast immer bedeckt ist. Das sorgt für ein gutes Bodenklima. Seit einiger Zeit haben wir auch Blumen: So gibt es ein großes Selbstpflückfeld mit bäuerlichen Feld-, Wald-, und Wiesenblumen. Das lockt ebenso Insekten an wie die Zwischenblühstreifen: Da findet sich dann abwechselnd ein Streifen mit Blüten und Blumen sowie ein Streifen mit einer unserer Kulturen. Das ist nicht nur gut für Bienen, es fördert auch die Nützlinge, die uns helfen, ein Gegengewicht zu den Schädlingen aufzubauen. Dazu wird in letzter Zeit viel geforscht: Welche Pflanzen unterstützen Nützlinge, welche Pflanzen kann man anbauen, um welche Schädlinge in Schach zu halten?

WAS IST IHR PERSÖNLICHER ANTI-STRESS-TIPP AN INTENSIVEN ARBEITSTAGEN?

(Lacht) Ja, zunächst einmal muss man sich als Gärtnerin darüber im Klaren sein, dass es einfach Zeiten gibt, in denen besonders viel Arbeit anfällt. Und als Stressausgleich habe ich vor einiger Zeit, so z. B. morgens, eine kleine Zusatzpause – unsere Cappucinopause eingeführt. Das sorgt bei allen Beteiligten für Entspannung, Gemeinschaft und Austausch. Ich denke, so etwas tut uns allen gut.

HERZLICHEN DANK, FRAU SCHMID, FÜR IHRE ZEIT UND DEN EINBLICK, DEN SIE UNS GEGEBEN HABEN.

DIE KOMPONENTEN DER ANTI-STRESS-ERNÄHRUNG

DIE PROTEINQUELLEN DER ANTI-STRESS-ERNÄHRUNG

Eine eiweißreiche Ernährungsweise ist die Basis der Anti-Stress-Ernährung. Eiweiße (= Proteine) sind langkettige Aminosäuren, die wichtige Aufgaben für die physische und psychische Leistungsfähigkeit haben. Enzymbildung, Neurotransmitteroptimierung, Transport für Sauerstoff und Fette, die Bildung von Enzymen und viele weitere. Auch die Antikörper des Immunsystems bestehen zu einem Großteil aus Proteinen, deshalb ist eine eiweißbetonte Ernährung eine der besten Präventionsmaßnahmen vor Krankheitserregern. Proteine haben in der Ernährung den großen Vorteil, dass sie viele Stunden satt machen und den Blutzuckerspiegel konstant halten. Um den Körper konstant mit gesunden Proteinen zu versorgen, sind Proteine bei jeder Mahlzeit am Tag Teil der Anti-Stress-Ernährung. Die Proteinquellen der Anti-Stress-Ernährung teilen sich in tierische und pflanzliche Proteine. Lassen Sie sich nicht von den typischen Klischees über Tofu und andere vegetarische oder vegane Produkte beeindrucken und geben Sie diesen eine Chance. Sie sind wirklich lecker und mehr als eine Alternative. Rotieren Sie die Proteinquellen regelmäßig durch, kreieren Sie Ihre eigenen Kombinationen und versuchen Sie, den Anteil pflanzlicher Proteine sukzessive zu erhöhen. Die Anti-Stress-Ernährungs-Formel lässt sich sowohl mit einer komplett vegetarischen als auch veganen Ernährungsweise durchführen. Natürlich gibt es viele weitere Lebensmittel, die Proteine enthalten, wie Nüsse, Kerne oder auch Gemüsesorten mit einem gewissen Proteinanteil. Für die Basis bei den Hauptmahlzeiten haben Sie die aufgelisteten Proteinquellen mit einem hohen Eiweißgehalt, die wir im Rahmen der Anti-Stress-Ernährung automatisch mit aufnehmen. Als Basis für die Mahlzeiten haben sich die aufgelisteten offensichtlichen Proteinquellen bewährt. Hülsenfrüchte wie Linsen haben zwar einen gewissen Anteil an Kohlenhydraten, der Proteinanteil überwiegt jedoch und deshalb werden sie im Rahmen der Anti-Stress-Ernährung zu den Proteinen gezählt.

TIERISCHE PROTEINE			PFLANZLICHE PROTEINE
FLEISCH	EI	MILCHPRODUKTE	
WILD	HÜHNEREI	QUARK	LUPINEN
RIND		SKYR	SOJA (TOFU)
HUHN		KÖRNIGER FRISCHKÄSE	LINSEN
PUTE		MOZZARELLA	ERBSEN
LAMM		HIRTENKÄSE	BOHNEN
FISCH		SCHAFJOGHURT	KICHERERBSEN
MEERESFRÜCHTE		ZIEGENJOGHURT	…
…		JOGHURT	
		…	

KARTOFFELN

ROGGEN

DINKEL

HAFER

HIRSE

AMARANTH

WEIZEN

REIS

SCHWARZER REIS

...

Und keine Angst vor Soja. Besonders der in Europa angebaute Soja ist bei regelmäßiger Rotation mit anderen Eiweißquellen gesund und mehr als eine gute Alternative zu Fleisch oder Fisch. Achten Sie besonders beim Einkaufen der tierischen Proteinquellen auf die Siegel der Bio-Premiumanbieter, den hier geht es um die unmittelbaren Lebensbedingungen der Tiere. Fleisch und Fisch in Bio-Qualität ist deutlich teurer als Fleisch und Fisch aus konventionellen Massentierhaltungsbetrieben. Reduzieren Sie Ihren Fleisch- und Fischkonsum zugunsten der Umwelt und Ihres Geldbeutels und wählen Sie vegetarische und pflanzliche Alternativen. Fisch und Meeresfrüchte gibt es mittlerweile auch mit Bio-Premiumsiegeln. Dadurch gewährleisten Sie, dass nur Fische gefangen werden, die nicht von Überfischung bedroht sind oder dass die Zuchtanlagen von Meeresfrüchten den höchsten ökologischen Kriterien entsprechen.

KOHLENHYDRATE DER ANTI-STRESS-ERNÄHRUNG

Kohlenhydrate haben viele Vorteile, wie beispielsweise eine schnelle Energiebereitstellung, da der Körper in der Muskulatur und in der Leber Glukose, in ihrer Speicherform Glykogen einlagern kann. Wenn wir nichts essen oder bei körperlichen und geistigen Aktivitäten können wir schnell auf diese Speicher zurückgreifen. Das Hauptproblem ist, dass einfach viel zu viele Kohlenhydrate und besonders zu viele einfache Kohlenhydrate wie Toastbrot, Cornflakes, Süßigkeiten oder gesüßte Getränke gegessen und getrunken werden. Bei der Anti-Stress-Ernährung werden nur abends Kohlenhydrate gegessen. Die Vorteile für das Nervensystem und die Stress- und Schlafhormone, Kohlenhydrate abends zu essen, habe ich bereits erklärt. Ein weiterer pragmatischer Grund ist, dass sehr viele Menschen abends Lust auf Kohlenhydrate haben, sich aber ihr halbes Leben damit quälen, auf Kohlenhydrate zu verzichten. Mit dem Ergebnis, dass es in den allermeisten Fällen trotzdem nicht klappt. Also warum sie nicht direkt in eine gesunde Struktur packen, die funktioniert und die besten regionalen und saisonalen Kohlenhydratquellen in Ihre tägliche Ernährung integriert? Wir müssen uns das Leben doch nicht härter machen, als es ist, und ich bin davon überzeugt, dass jeder Mensch nur ein bestimmtes Kontigent an Selbstdisziplin hat, das in der heutigen Zeit durch Homeoffice, Homeschooling und die sonstigen Herausforderungen des Alltags abends größtenteils aufgebraucht ist. Und nach solchen Alltagsszenarien abends in kompletter Kohlenhydrataskese zu leben, ist unrealistisch und unnötig zugleich. Neben den offensichtlichen Kohlenhydraten aus der Tabelle sind in vielen weiteren Lebensmitteln Kohlenhydrate enthalten. Auch in Gemüse und in bestimmten Proteinquellen. Im Rahmen der Anti-Stress-Ernährung zählen wir als Kohlenhydrate nur die offensichtlichen Kohlenhydrate. Pragmatisch, alltagstauglich und einfach umzusetzen. Achten Sie bei Getreideprodukten auf Vollkorn und rotieren Sie zwischen den Getreidesorten. Eine wirkliche Köstlichkeit ist Reis aus Italien, besonders der Schwarze Venere Reis. Genießen Sie Ihre Kohlenhydrate abends nach der Anti-Stress-Ernährungs-Formel als ein Drittel Ihrer Hauptmahlzeit.

GESUNDE FETTE DER ANTI-STRESS-ERNÄHRUNG

Vielleicht haben Sie sich beim Anblick der Anti-Stress-Ernährungs-Formel gefragt, wo denn der Makronährstoff Fett geblieben ist. Fett spielt bei der Anti-Stress-Ernährung eine wichtige Rolle. Die Anti-Stress-Ernährungs-Formel ist darauf ausgerichtet, wie Ihre Mahlzeit optisch zusammengesetzt ist. Und Speisefette sind oft nicht sichtbar. In vielen Proteinquellen, wie Hirtenkäse, Joghurt oder Tofu, ist Fett enthalten. Zum Kochen empfehle ich sieben gesunde Fette: Rapsöl, Olivenöl, Walnussöl, Leinöl, Kürbiskernöl, Albaöl oder Butter. Bei Ölen ist das Verhältnis von Omega-6- zu Omega-3-Fettsäuren entscheidend. Empfehlenswert ist es, maximal fünfmal so viele Omega-6- wie Omega-3-Fettsäuren aufzunehmen, um den Körper vor Entzündungen zu schützen. Das in Deutschland so beliebte Sonnenblumenöl hat beispielsweise ein unvorteilhaftes Verhältnis von Omega-6- zu Omega-3-Fettsäuren und wird deshalb trotz Regionalität nicht als Basis-öl empfohlen. Als Basisöl zum scharfen Anbraten empfehle ich Albaöl. Albaöl ist Rapsöl mit Buttergeschmack. Es ist Rapsöl mit einem einzigen Aromastoff, der dafür sorgt, dass das Rapsöl seinen leicht speziellen Geschmack verliert und wie Butter schmeckt. Albaöl kommt ursprünglich aus Schweden, wird aber mittlerweile auch in Deutschland aus Raps hergestellt. Für kalte Gerichte und bei Gerichten, die eine mittlere Temperatur auf dem Herd beim Kochen erfordern oder auch für Ofengemüse, empfehle ich Olivenöl. Olivenöl kommt zwar (noch) nicht aus Deutschland, aber aus unseren europäischen Nachbarländern wie Italien - daher ist Olivenöl aber trotzdem vergleichsweise regional. Als Topping beim Frühstück oder auch in Smoothies eignet sich Leinöl sehr gut. Leinöl enthält viele Omega-3-Fettsäuren und ist sehr gesund. Beachten Sie bitte, dass Leinöl schnell oxidiert und nur kurz haltbar ist. Oxidiertes Öl hat negative Auswirkungen auf unseren Körper und konterkariert die eigentlich gesundheitsfördernden Effekte des Öls. Butter hat aufgrund ihrer schlechten Klimabilanz einen schlechten Ruf. Die CO_2-Emission muss jedoch ins Verhältnis zur Menge gesetzt werden, die wir davon essen. Um sicher zu sein, dass die Butter viele Omega-3-Fettsäuren enthält, wählen Sie Weidebutter in bester Bio-Qualität. In vielen pflanzlichen Streichfetten sind Transfette enthalten. Transfette, auch Transfettsäuren genannt, sind künstlich gehärtete Fette, die der Körper nicht verarbeiten kann. Transfette „haften“ an Zellwänden und Blutbahnen und fügen diesen schweren Schäden zu. Auch das Risiko für Herz-Kreislauf-Erkrankungen kann durch den regelmäßigen Konsum von Transfetten sehr steigen. Werfen Sie bei pflanzlichen Streichfetten einen Blick auf die Zutatenliste und suchen Sie nach „gehärteten Fettsäuren“. Transfette stecken neben den Streichfetten in vielen Backwaren, Friteusenfetten und Fertiggerichten. Meiden Sie diese Produkte in Ihrer Basisernährung komplett.

RAPSÖL

OLIVENÖL

LEINÖL

ALBAÖL

WALNUSSÖL

KÜRBISKERNÖL

BUTTER

REGIONALE SUPERFOODS DER ANTI-STRESS-ERNÄHRUNG

Superfoods müssen nicht aus Südamerika oder Asien kommen. Wir haben viele Superfoods direkt vor der Haustür oder bei unseren Freunden in Europa. Kaufen Sie für Ihre Basisernährung regionale Lebensmittel wie Leinsamen statt Chiasamen oder Kürbiskerne statt Cashews. Ob im Frühstück, in einem Salat beim Mittagessen oder beim Abendessen. Verfeinern Sie Ihre Mahlzeiten mit ein bis zwei Teelöffeln regionaler Superfoods. In der nachfolgenden Übersicht finden Sie einige Inspirationen an regionalen Toppings für Ihre Anti-Stress-Mahlzeiten. Ich empfehle Ihnen, einmal einen größeren Einkauf zu machen und alle regionalen Toppings in verschließbaren Glasbehältern aufzubewahren. Schon nach kurzer Zeit haben Sie eine feste Routine entwickelt und haben das passende regionale Topping schnell griffbereit.

KÜRBISKERNE

DINKELFLOCKEN

HAFERFLOCKEN

GEPUFFTER AMARANTH

WALNÜSSE

HASELNÜSSE

PISTAZIEN

SONNENBLUMENKERNE

GRANOLA

AUSNAHMEN DER ANTI-STRESS-ERNÄHRUNG

Bei der Auswahl der Nahrungsmittel habe ich den Fokus auf möglichst viele regionale und saisonale Lebensmittel gelegt. Es gibt ein paar Ausnahmen wie Kaffee oder Zimt. Die positiven Effekte von Koffein im Kaffee oder die blutzuckerstabilisierende Wirkung von Zimt hat dazu geführt, diese und wenige andere Lebensmittel mit in die Anti-Stress-Ernährung zu integrieren. Wie bei allen Lebensmitteln, auch bei Gewürzen oder Lebensmitteln aus aller Welt, wählen Sie bitte faire Lebensmittel in Bio-Qualität. Durch unser bewusstes Einkaufen, Kochen und Essen ermöglichen wir allen in der Wertschöpfungskette tätigen Menschen einen fairen Anteil. Und in diesem Sinne:

**VIEL FREUDE
MIT IHREM
ANTI-STRESS-KOCHBUCH
UND VIELEN DANK
WENN SIE SICH
ENTSCHIEDEN HABEN,
MIT IHRER ERNÄHRUNG
FÜR MEHR
ACHTSAMKEIT, FÜR SICH,
ANDERE MENSCHEN,
TIER UND UMWELT
AUF DIESEM PLANETEN
ZU SORGEN!**

He
LANDGOCKEL
Stall

DIE ANTI-STRESS-REZEPTE

LEISTUNGSSTARK IM HOMEOFFICE

MODULAR - SAISONAL - REGIONAL

DIE ANTI-STRESS-FRÜHSTÜCKS-IDEEN

WIE GELINGT UNS SCHNELL UND EINFACH EIN LECKERES FRÜHSTÜCK?

SCHRITT 1

SAURES OBST ODER GEMÜSE AUSWÄHLEN

Z. B. GURKE, RUCOLA, APFEL, BEERE

SCHRITT 2

PROTEINE AUSWÄHLEN

Z.B SKYR, JOGHURT, EIER

SCHRITT 3

ZUBEREITUNGSART WÄHLEN

Z.B RÜHREI, SMOOTHIE, …

SCHRITT 4

REGIONALE SUPERFOOD-TOPPINGS AUSWÄHLEN

Z. B. AMARANTH, DINKELFLOCKEN UND WALNÜSSE

ALTERNATIVES FRÜHSTÜCK:

INTERMITTIERENDES FASTEN MIT ANTI-STRESS-KAFFEE

BLUTZUCKER-
STABILISIERENDE
WEIDEBUTTER
CEYLON-
ZIMT
BIO-
KAFFEE

DER ANTI-STRESS-KAFFEE (BUTTERKAFFEE)

ZUTATEN FÜR 1 PERSON:

1-2 Tassen Bio-Kaffee
1 TL Bio-Weidebutter von grasgefütterten Kühen
¼ TL Zimt (optional)

ZUBEREITUNG:

SCHRITT

1. Kaffee wie gewohnt aufbrühen und anschließend in den Mixer geben.
2. Weidebutter dazugeben und circa 30 Sekunden mixen.
3. Butterkaffee wieder in die Tasse zurückgießen.
4. Mit Zimt verfeinern und genießen.

ALS ICH ZUM ERSTEN MAL VON KAFFEE MIT BUTTER GEHÖRT HABE, HABE ICH DIESE IDEE ZIEMLICH ABSCHRECKEND GEFUNDEN. NACH MEINEM ERSTEN BUTTERKAFFEE UND DER ERLEBTEN WIRKUNG ALS FRÜHSTÜCKSERSATZ IM RAHMEN DES INTERMITTIERENDEN FASTENS IST DIESE LECKERE KAFFEESPEZIALITÄT AN 2-3 TAGEN DIE WOCHE MITTLERWEILE EIN FESTER BESTANDTEIL MEINER ERNÄHRUNGSGEWOHNHEITEN.

EIN PERFEKTER DOPAMINBOOST AM MORGEN – FÜR MEHR FOKUS, ENERGIE, KONZENTRATION UND EINEN KONSTANTEN BLUTZUCKERSPIEGEL IM HOMEOFFICE! FUNKTIONIERT GENAUSO GUT MIT KOFFEINHALTIGEM TEE STATT KAFFEE! ALS VEGETARISCHE UND VEGANE REGIONALE ALTERNATIVE EIGNET SICH ALBAÖL.

FRÜHSTÜCKSMODUL

DAS ANTI-STRESS-MÜSLI-FRÜHSTÜCK

SCHRITT 1 PROTEINQUELLE AUSWÄHLEN

DER BAUKASTEN:
Skyr, Joghurt, Schafsjoghurt, Sojajoghurt, halbfetter Quark, Hüttenkäse ...

SCHRITT 2 SAURES SAISONALES UND REGIONALES OBST ODER BEEREN AUSWÄHLEN

Apfel, Birne, Himbeere, Erdbeere, Johannisbeere, Blaubeere, Brombeere, Bio-Tiefkühlbeeren, Sauerkirschen, Mirabellen, Zwetschgen, Trauben ...

SCHRITT 3 PROTEINQUELLE MIT SAUREM OBST ODER BEEREN MISCHEN.

SCHRITT 4 REGIONALE SUPERFOODS ALS TOPPING AUSWÄHLEN
Haselnüsse, Walnüsse, gepuffter Amaranth, Leinöl, Leinsamen, Haferflocken, Dinkelflocken, Sonnenblumenkerne, Granola, Kürbiskerne ...

PROTEIN-QUELLE	SAURES OBST/ BEEREN	REGIONALES SUPERFOOD-TOPPING
SKYR	HIMBEERE	HASELNÜSSE
JOGHURT	ERDBEERE	WALNÜSSE
SCHAFSJOGHURT	JOHANNISBEERE	GEPUFFTER AMARANTH
HALBFETTER QUARK	BLAUBEERE	LEINÖL
HÜTTENKÄSE	BIO-TIEFKÜHLBEEREN	LEINSAMEN
SOJAJOGHURT	APFEL	HAFERFLOCKEN
	BIRNE	DINKELFLOCKEN
	SAUERKISCHEN	SONNENBLUMENKERNE
	MIRABELLEN	GRANOLA
	ZWETSCHGEN	KÜRBISKERNE
	TRAUBEN	

SAURES OBST
REGIONALE TOPPINGS
SKYR = PROTEINE

SKYR MIT BEEREN, HASELNÜSSEN, AMARANTHPUFFLES

ZUTATEN FÜR 1 PERSON:

150-250 g Skyr (Natur)
1 Schuss Wasser (idealerweise Sprudel)
1 Handvoll Tiefkühlbeeren (z. B. Brombeeren, Heidelbeeren) oder frische Beeren
1 TL gehackte Haselnüsse
1 TL Amaranthpuffles

ZUBEREITUNG:

SCHRITT

1. Am Vorabend eine Handvoll Tiefkühlbeeren in ein Schälchen geben und über Nacht in den Kühlschrank stellen. Bei frischen Beeren ist keine Vorbereitung notwendig.
2. Den Skyr mit einem Schuss (Sprudel-)Wasser in ein Frühstücksschälchen geben und mit einer Gabel cremig rühren. (Bei der Variante mit Tiefkühlbeeren reicht es auch, den Skyr direkt mit den aufgetauten Beeren zu mischen.)
3. Cremig gerührten Skyr mit einer Handvoll Beeren mischen.
4. Skyr mit einem Teelöffel gehackter Haselnüsse und einem Teelöffel Amaranthpuffles verfeinern.

SKYR KOMMT URSPRÜNGLICH AUS ISLAND, WIRD ABER MITTLERWEILE AUCH IN DEUTSCHLAND PRODUZIERT. SKYR ENTHÄLT IM VERGLEICH ZU JOGHURT DEUTLICH MEHR PROTEINE (11 G PROTEIN AUF 100 G) BEI WENIGER FETTGEHALT UND IST DESHALB AUCH BEI SPORTLERN SEHR BELIEBT.

REGIONALE TOPPINGS
SAURES OBST
PROTEINE

SCHAFSJOGHURT MIT HIMBEEREN, ERDBEEREN, HAFERFLOCKEN UND SONNENBLUMENKERNEN

ZUTATEN FÜR 1 PERSON:

150-250 g Schafsjoghurt
1 Schuss Wasser (idealerweise Sprudel)
1 Handvoll Himbeeren/Erdbeeren
1 TL Haferflocken
1 TL Sonnenblumenkerne

ZUBEREITUNG:

SCHRITT

1. Himbeeren und Erdbeeren vorsichtig waschen.
2. Den Schafsjoghurt mit einem Schuss (Sprudel-)Wasser in ein Frühstücksschälchen geben und mit einer Gabel cremig rühren.
3. Cremig gerührten Schafsjoghurt mit den gewaschenen Beeren mischen.
4. Schafsjoghurt mit einem Teelöffel Haferflocken und Sonnenblumenkernen verfeinern.

SCHAFSJOGHURT IST EINE HERVORRAGENDE ALTERNATIVE ZU PRODUKTEN AUS KUHMILCH UND GEHÖRT MIT RUND 5,5 % PROTEINEN ZU DEN BESONDERS EIWEIßREICHEN MILCHARTEN. DURCH EINE REGELMÄßIGE ROTATION DER LEBENSMITTEL KANN EINE NAHRUNGSMITTELUNVERTRÄGLICHKEIT Z. B. DURCH ÜBERKONSUM VON KUHMILCH VERMIEDEN WERDEN.

REGIONALE TOPPINGS
PROTEINE
SAURES OBST

Quark mit Apfel und Leinöl, Walnuss und Zimt

ZUTATEN FÜR 1 PERSON:

150-250 g Quark (halbfett)
1 Schuss Wasser (idealerweise Sprudel)
1 Apfel
1 TL zerkleinerte Walnusshälften
1 TL Zimt
1 TL Leinöl
1 TL geschrotete Leinsamen

ZUBEREITUNG:

SCHRITT

1. Apfel waschen, entkernen und mit Schale in kleine Stücke schneiden.
2. Den Quark mit einem Schuss (Sprudel-) Wasser in ein Frühstücksschälchen geben und mit einer Gabel cremig rühren.
3. Cremig gerührten Quark mit dem geschnittenen Apfel mischen.
4. Quark mit einem Teelöffel zerkleinerten Walnusshälften, Leinsamen, Leinöl und Zimt verfeinern.

LEINSAMEN UND LEINÖL ENTHALTEN SEHR GESUNDE FETTSÄUREN, JEDOCH NUR WENN SIE NICHT OXZIDIEREN. DAS PASSIERT, WENN SIE ZU LANGE OFFEN SIND ODER NICHT IM DUNKELN GELAGERT WERDEN. BESONDERS LEINÖL HÄLT SICH NICHT SEHR LANGE, DESWEGEN EMPFEHLE ICH, KLEINE FLÄSCHCHEN ZU KAUFEN UND NACH DEM ÖFFNEN INNERHALB EINIGER WOCHEN AUFZUBRAUCHEN.

REGIONALE TOPPINGS
SAURES OBST
PROTEINE

SOJAJOGHURT MIT APFEL UND LEINÖL, WALNUSS UND ZIMT

ZUTATEN FÜR 1 PERSON:

150-250 g Sojajoghurt
1 Handvoll Pflaumen oder Zwetschgen
1 TL Granola

ZUBEREITUNG:

SCHRITT

1. Zwetschgen waschen und entkernen.
2. Den Sojajoghurt in ein Frühstücksschälchen geben. Zwetschgen vierteln.
3. Cremig gerührten Sojajoghurt mit den geviertelten Zwetschgen mischen.
4. Sojajoghurt mit einem Teelöffel Granola verfeinern.

WUSSTEN SIE, DASS ZWETSCHGEN EINE UNTERART DER PFLAUMEN SIND? PFLAUMEN HABEN WEICHERES FRUCHTFLEISCH. ZWETSCHGEN SIND ETWAS KNACKIGER, DA SIE WENIGER WASSER ENTHALTEN. BEIDE EIGNEN SICH BESTENS FÜR EINEN GUTEN START IN DEN TAG!

STATT GRANOLA KÖNNEN SIE AUCH HAFERFLOCKEN ODER IHR REGIONALES LIEBLINGS-TOPPING NEHMEN.

FRÜHSTÜCKSMODUL

DAS ANTI-STRESS-FRÜHSTÜCKSEI

SCHRITT 1 PROTEINQUELLE UND ZUBEREITUNGSART AUSWÄHLEN

DER BAUKASTEN:
Gekochtes Ei, Rührei, Omelett, Spiegelei oder vegane Rührspezialität aus Tofu

SCHRITT 2 SAISONALES UND REGIONALES GEMÜSE AUSWÄHLEN

ZUBEREITUNG:
Gemüse: Roh, angedünstet, angebraten oder Left-Over vom Vortag, z. B. Salat, Champignons, Mangold, Paprika, Spinat, Staudensellerie, Tomaten, Karotten

SCHRITT 3 REGIONALE UND SAIONALE TOPPINGS AUSWÄHLEN

SCHRITT 4 TOPPING AUSWÄHLEN
Haselnüsse, Walnüsse, Sonnenblumenkerne, Kürbiskerne, Hefeflocken, frische Kräuter, Gewürze

PROTEIN-QUELLE	SAISONALES & REGIONALES GEMÜSE	SAISONALE & REGIONALE TOPPINGS	FRISCHE KRÄUTER & GEWÜRZE
RÜHREI	CHAMPIGNONS	HASELNÜSSE	PETERSILIE
SPIEGELEI	MANGOLD	WALNÜSSE	SCHNITTLAUCH
OMELETT	SPINAT	SONNENBLUMEN-KERNE	BASILIKUM
HART GEKOCHTES EI	STAUDENSELLERIE	KÜRBISKERNE	ROSMARIN
VEGANE RÜHR-SPEZIALITÄT	TOMATEN	HEFEFLOCKEN	THYMIAN
	RUCOLA	KRÄUTER	DILL
	KAROTTEN	HIRTENKÄSE	PAPRIKAPULVER
	FRÜHLINGSZWIEBEL		
	FELDSALAT		

SPIEGELEI MIT RUCOLA UND WALNÜSSEN

ZUTATEN FÜR 1 PERSON:

2-3 Bio-Eier
1 Handvoll Rucola
1,5 EL Olivenöl
1 EL 1 Balsamico-Essig
1 TL gehackte Walnüsse
Salz
Pfeffer

ZUBEREITUNG:

SCHRITT

1. Öl in einer beschichteten Pfanne auf mittlerer Temperatur erhitzen.
2. Eier am Pfannenrand aufschlagen, vorsichtig in die Pfanne gleiten lassen und bis zur gewünschten Garstufe sanft braten lassen.
3. Spiegeleier mit Rucola auf einem Teller anrichten und kräftig salzen und pfeffern.
4. Mit gehackten Walnüssen verfeinern und genießen.

DIE IN RUCOLA ENTHALTENEN BITTERSTOFFE SIND SEHR GESUND UND HABEN POSITIVE EFFEKTE AUF DIE VERDAUUNG, DIE LEBERFUNKTION, DAS HAUTBILD UND DIE SÄUREREGULATION IM KÖRPER.

GEMEINSAM MIT DEN BIO-EIERN UND DEN WALNÜSSEN SORGT DER RUCOLA FÜR EIN LANG ANHALTENDES SÄTTIGUNGSGEFÜHL UND EINEN KONSTANTEN BLUTZUCKERSPIEGEL!

RÜHREI MIT PAPRIKA UND FRÜHLINGSZWIEBELN

ZUTATEN FÜR 1 PERSON:

2-3 Bio-Eier
1 Paprika
1 TL Olivenöl
1 Frühlingszwiebel
Salz
Pfeffer
(Optional: Schuss Wasser oder Sahne)

ZUBEREITUNG:

SCHRITT

1. Paprika und Frühlingszwiebeln schneiden. Paprika in einer Pfanne auf mittlerer Hitze kurz anbraten.
2. In der Zwischenzeit Eier aufschlagen und in einem Schüsselchen mit Salz und Pfeffer verquirlen.
3. Eiermasse in die Pfanne über die Paprika geben. Mit einem Pfannenwender immer wieder vorsichtig vom Pfannenrand zur Mitte über den Pfannenboden gehen. Das immer wieder vorsichtige Abheben der gestockten Eimasse sorgt für ein fluffiges und lockeres Rührei.
4. Sobald das Rührei komplett stockt und keine durchsichtigen Stellen mehr sichtbar sind, mit Frühlingszwiebeln garnieren und genießen.

FRÜHLINGSZWIEBELN ENTHALTEN, WIE „NORMALE“ ZWIEBELN UND KNOBLAUCH AUCH, DEN ANTI-ENTZÜNDLICHEN WIRKSTOFF ALLICIN.

OMELETT MIT MANGOLD UND HIRTENKÄSE

ZUTATEN FÜR 1 PERSON:

2-3 Bio-Eier
1 Handvoll Mangold
1 TL Olivenöl
1 EL Hirtenkäse
(Optional: Schuss Wasser oder Sahne)
Salz
Pfeffer

ZUBEREITUNG:

SCHRITT

1. Mangold auf die gewünschte Größe schneiden und Öl in einer großen Pfanne erhitzen und den Mangold darin andünsten. Die Mangoldstücke mit Strunk brauchen in der Pfanne etwas länger.
2. In der Zwischenzeit die Eier aufschlagen und mit der Sahne oder Wasser in einem Schüsselchen verquirlen.
3. Eiermasse in die Pfanne neben den Mangold geben und stocken lassen.
4. Sobald das Omelett nahezu vollständig stockt, einmal mittig falten, kräftig salzen und pfeffern und mit Hirtenkäse garnieren.

MANGOLD SOLLTE MÖGLICHST RASCH VERBRAUCHT WERDEN, DA ER SELBST IM KÜHLSCHRANK NUR WENIGE TAGE FRISCH UND KNACKIG BLEIBT. AM BESTEN SCHLAGEN SIE DIE MANGOLDBLÄTTER NACH DEM EINKAUF IN EIN FEUCHTES GESCHIRRTUCH EIN UND LEGEN SIE INS GEMÜSEFACH DES KÜHLSCHRANKS.

VEGANE RÜHRSPEZIALITÄT

ZUTATEN FÜR 1 PERSON:

125-175 g Räuchertofu
1 Schalotte
2 EL Tomatenmark
2 EL Sojajoghurt
1 TL Paprikagewürz
½ TL Hefeflocken
1 TL Schnittlauch

ZUBEREITUNG:

SCHRITT

1. Tofu in feine Scheiben schneiden und mit den Händen klein zupfen. Schalotten in feine Würfel hacken.
2. Öl in einer Pfanne erhitzen und den Tofu und die Schalotten bei mittlerer Hitze 5 Minuten unter regelmäßigem Rühren leicht anbräunen.
3. Herd auf niedrige Hitze schalten. Hefeflocken, Salz, Pfeffer und Paprikapulver unterrühren.
4. Sojajoghurt unterheben, gut umrühren und 3 Minuten köcheln lassen. Vegane Rührspezialität vom Herd nehmen und mit frisch gehacktem Schnittlauch garnieren.

DIE VEGANE RÜHRSPEZIALITÄT IST EINE HERVORRAGENDE ABWECHSLUNG ZU KLASSISCHEN EIERSPEISEN UND NICHT NUR FÜR VEGANER EIN OPTIMALER START IN EINEN LEISTUNGSFÄHIGEN TAG IM HOMEOFFICE.

SCHALOTTEN SIND KLEINER ALS ZWIEBELN. SIE SIND MILDER UND WERDEN AUCH EDELZWIEBELN GENANNT.

DIE ANTI-STRESS-FRÜHSTÜCKS-SMOOTHIES

ZUTATEN:

1-2 Gläser ungesüßte Hafermilch
1-2 EL geschmacksneutrales, veganes Proteinpulver
(z. B. Reis-, Erbsen- oder Hanfprotein, oder Kombinationen verschiedener pflanzlicher Proteine)
1 Handvoll saures, saisonales Obst oder Beeren – alternativ Tiefkühlbeeren
Optional 1 Handvoll grünes, saisonales Gemüse
(Spinat, Mangold, Rucola …)

ZUBEREITUNG:

SCHRITT

1. Hafermilch in den Mixer geben. Veganes Proteinpulver hinzugeben.
2. Obst oder Beeren und optionales Grünzeug in den Mixer geben.
3. Mixer auf niedriger Stufe starten und die Geschwindigkeit Schritt für Schritt erhöhen.
4. Je nach Mixer circa 30–60 Sekunden auf höchster Stufe mixen, mit regionalen Toppings veredeln und im Anschluss genießen.

PROTEIN-QUELLE	SAURES OBST/ BEEREN	GRÜNES GEMÜSE	REGIONALES SUPERFOOD-TOPPING
HAFERMILCH	HIMBEEREN	RUCOLA	HASELNÜSSE
	ERDBEEREN	FELDSALAT	WALNÜSSE
VEGANES, GESCHMACKSNEUTRALES PROTEINPULVER	JOHANNISBEERE	SPINAT	GEPUFFTER AMARANTH
	BLAUBEEREN	POSTELEIN	LEINÖL
	BIO-TIEFKÜHLBEEREN	ROMANA	LEINSAMEN
	APFEL	GRÜNKOHL	HAFERFLOCKEN
	BIRNE		DINKELFLOCKEN
	SAUERKISCHEN		SONNENBLUMENKERNE
	MIRABELLEN		GRANOLA
	ZWETSCHGEN		KÜRBISKERNE
	TRAUBEN		

AUCH VEGETARISCH + VEGAN

DIE ANTI-STRESS-FRÜHLINGS- UND SOMMERSALATE

WIE GELINGT UNS SCHNELL UND EINFACH EIN LECKERER SALAT IM FRÜHLING ODER SOMMER?

SCHRITT 1

SAURES OBST ODER GEMÜSE AUSWÄHLEN

Z. B. GURKE, RUCOLA, KAROTTEN, TOMATE

SCHRITT 2

PROTEINE AUSWÄHLEN

Z. B. LINSEN, SCHAFSKÄSE, MOZZARELLA, BOHNEN, TOFU, FLEISCH

SCHRITT 3

HOCHWERTIGE KOHLENHYDRATE AUSWÄHLEN

OPTIONAL AM ABEND

Z. B. DINKELNUDELN, HIRSE, KARTOFFELN, SCHWARZER REIS

SCHRITT 4

LECKERES DRESSING ZUSAMMENRÜHREN

Z. B. APFELESSIG, RAPSÖL, HONIG

REGIONALE SUPERFOOD-TOPPINGS AUSWÄHLEN

Z. B. JOHANNISBEEREN, FRISCHE KRÄUTER, WALNÜSSE

SAURES
OBST

HIRSESALAT MIT WEIßEN BOHNEN UND JOHANNISBEEREN

ZUTATEN FÜR 3-4 PERSONEN:

150 g Goldhirse
2 Gurken
2 Lauchzwiebeln
1 Glas weiße Bohnen (circa 200 g Abtropfgewicht)
1 Handvoll frische Johannisbeeren
1 EL gehackte Walnüsse
3 EL Olivenöl
1 Knoblauchzehe
3 EL Apfelessig
1 TL Honig oder Zuckerrübensirup (vegan)
Salz
Pfeffer

ZUBEREITUNG:

SCHRITT

1. Hirse waschen und in einem Topf mit Deckel, mit doppelt so viel Wasser wie Hirse, 10 Minuten köcheln lassen. Im Anschluss den Topf noch 15-20 Minuten auf der Herdplattte stehen und ziehen lassen. Hirse mit einer Gabel auflockern und auskühlen lassen.
2. Sobald die Hirse ausgekühlt ist, geht es weiter. In einer kleinen Schüssel das Olivenöl, den Essig, den Honig, den Knoblauch, die Gewürze und das Salz zu einem Dressing verrühren.
3. Die abgekühlte Hirse zusammen mit den gewürfelten Gurken, geschnittenen Lauchzwiebeln, den abgeschütteten Bohnen, den Johannisbeeren und der Petersilie in eine Salatschüssel geben.
4. Jetzt das Dressing über den Salat verteilen und vorsichtig vermischen. Zum Schluss die Walnusskerne darübergeben und den Salat direkt genießen oder im Kühlschrank aufbewahren.

EU

GOLDHIRSE IST EINE DER ÄLTESTEN KULTURPFLANZEN. IM VERGLEICH ZU ANDEREN GETREIDESORTEN IST GOLDHIRSE GLUTENFREI UND HAT EINEN HOHEN ANTEIL AN MINERALSTOFFEN UND SPURENELEMENTEN. EINES DER HAUPTANBAUGEBIETE IST CHINA, MITTLERWEILE FINDET MAN ABER LEICHT GOLDHIRSE AUS ÖSTERREICH, FRANKREICH ODER ANDEREN EUROPÄISCHEN NACHBARLÄNDERN.

WASSERMELONENSALAT MIT FETA UND MINZE

ZUTATEN FÜR 3-4 PERSONEN:

1 reife Wassermelone
200 g Fetakäse
1 Bund frische Minze

Optional für das Dressing:
1 TL Honig
1 EL Olivenöl
1 EL weißer Balsamico
Eine Prise grobes Salz

ZUBEREITUNG:

SCHRITT

1. Die Wassermelone vierteln, aushöhlen, um die Kerne zu entfernen und in mundgerechte Stücke schneiden.
2. Feta und Minze grob zerkleinern.
3. Olivenöl, Honig und weißen Balsamico zu einem Dressing verrühren.
4. Wassermelone, Feta, Minze und das Dressing in einer Salatschüssel vorsichtig vermengen und anschließend genießen.

WASSERMELONEN LASSEN SICH GUT IN DEUTSCHLAND ANBAUEN UND SIND MITTLERWEILE AUCH BEI HOBBYGÄRTNERN ZU EINER BELIEBTEN ANBAUPFLANZE GEWORDEN.

BUNTER BERGLINSENSALAT

ZUTATEN FÜR 3-4 PERSONEN:

300 g Berglinsen
2 Karotten
4 Frühlingszwiebeln
2 Paprika rot + gelb
2 Staudensellerie
10 Cherrytomaten
1 Bund Petersilie
2 EL Balsamico
1 EL Apfelessig
3 EL Olivenöl
1 TL Honig
Salz
1 EL Gemüsebrühe
Pfeffer

ACHTEN SIE BEI DER GEMÜSEBRÜHE DARAUF, DASS WEDER GLUTAMAT NOCH HEFEEXTRAKT IN DER ZUTATENLISTE AUFTAUCHEN.

ZUBEREITUNG:

SCHRITT

1. Die Berglinsen nach Packungsanweisung, meist 20–30 Minuten in Gemüsebrühe garen, bis sie bissfest sind. Falls Sie die Linsen über Nacht eingeweicht haben, verkürzt das die Kochzeit um ein paar Minuten.

2. Die Karotten schälen und in feine Würfel schneiden. Paprika und Tomaten ebenfalls würfeln. Die Lauchzwiebel in Ringe schneiden. Den Balsamico mit dem Olivenöl, dem Honig, etwas Pfeffer und Salz in einem Schüsselchen zu einem Dressing verrühren und mit etwas Apfelessig abschmecken.

3. Karotten, Lauchzwiebeln, Paprika und Tomaten in einer Pfanne kurz mit wenig Olivenöl anrösten und mit dem Dressing ablöschen.

4. Die Linsen mit dem Gemüse, der Petersilie und dem in der Pfanne abgelöschten Dressing vermengen. Lauwarm (oder gekühlt) servieren.

KOHLENHYDRATE AM ABEND
PROTEINE
SAISONALES GEMÜSE
REGIONALE TOPPINGS

FELDSALAT MIT RINDERFILET UND CHAMPIGNONS

ZUTATEN FÜR 2 PERSONEN:

400 g Bio-Feldsalat
1 EL gehackte Walnüsse
2 EL Olivenöl
2 EL Apfelessig
1 TL Honig
1 EL Kürbiskernöl
½ TL grobes Salz
½ TL Pfeffer
200-300 g Drillinge mit Schale
(optional für abends)
1 EL Olivenöl
½ TL grobes Salz
Frischer Rosmarin
250 g Rinderfilet

ZUBEREITUNG:

SCHRITT

1. Den Feldsalat gründlich waschen, die Champignons putzen und in in feine Streifen schneiden.
2. Aus dem Olivenöl, Apfelessig und Honig ein Dressing rühren. Das Dressing in einer Salatschüssel mit dem Feldsalat vermischen.
3. Rinderfilet in einer Pfanne von jeder Seite 2-3 Minuten scharf anbraten und anschließend in Streifen schneiden und kräftig salzen und pfeffern. Am Ende die Kürbiskerne kurz mit in die Pfanne geben und mit anrösten.
4. Den Feldsalat mit Kürbiskernen, Kürbiskernöl, Rinderfiletstreifen und Champignons anrichten und genießen.

ALS KOHLENHYDRATBEILAGE AM ABEND EIGNEN SICH HERVORRAGEND ROSMARINKARTOFFELN. DAFÜR KLEINE BIO-KARTOFFELN „DRILLINGE", MIT SCHALE HALBIEREN UND MIT 2 EL OLIVENÖL, GROBEM SALZ UND ROSMARINNADELN MISCHEN UND IN EINER AUFLAUFFORM AUF 180° CIRCA 40 MINUTEN IM OFEN BACKEN. ZWISCHENDURCH 2-3-MAL WENDEN.

VEGETARISCH!

DIE ANTI-STRESS-HERBST- UND WINTERSALATE

WIE GELINGT UNS SCHNELL UND EINFACH EIN LECKERER SALAT IM HERBST ODER WINTER?

SCHRITT 1

SAURES OBST ODER HERBST-WINTERGEMÜSE AUSWÄHLEN

Z. B. ROSENKOHL, ROTE BEETE, CHICORÉE, ROTKOHL

SCHRITT 2

PROTEINE AUSWÄHLEN

Z. B. SCHAFSKÄSE, BÜFFELMOZZARELLA, HIRTENKÄSE, HÜTTENKÄSE, GRILLKÄSE

SCHRITT 3

HOCHWERTIGE KOHLENHYDRATE AUSWÄHLEN

OPTIONAL AM ABEND

Z. B. DINKELNUDELN, HIRSE, KARTOFFELN, SCHWARZER REIS

SCHRITT 4

LECKERES DRESSING ZUSAMMENRÜHREN

Z. B. KÜRBISKERNÖL, BALSAMICOESSIG

REGIONALE SUPERFOOD-TOPPINGS AUSWÄHLEN

Z. B. FRISCHE KRÄUTER, HASELNÜSSE, WALNÜSSE, KÜRBISKERNE

LAUWARMER ROSENKOHLSALAT MIT APFEL UND GRILLKÄSE,

ITALIENISCHEN PISTAZIEN, ROTER KRESSE UND PFEFFERKÖRNERN

ZUTATEN FÜR 2 PERSONEN:

500 g Rosenkohl
1 Packung (200 g-250 g) Grillkäse (z. B. Halloumi)
2,5 EL geschälte Pistazien
2 EL Olivenöl
3 EL Balsamico
1 TL Honig
1 Handvoll frischer roter Kresse
1 Apfel
½ TL grobes Salz
½ TL rote Pfefferkörner

ROSENKOHL IST EIN WIRKLICH REGIONALES UND NACHHALTIGES SUPERFOOD. ERSTENS, WEIL ES KÄLTE AUF DEM ACKER SEHR GUT VERTRÄGT UND DESHALB KAUM IM GEWÄCHSHAUS PRODUZIERT WIRD. ZWEITENS ENTHÄLT ROSENKOHL VIELE VITAMINE WIE VITAMIN C UND B_1 SOWIE MAGNESIUM UND EISEN.

ZUBEREITUNG:

SCHRITT

1. Rosenkohl waschen, Strunk mit einem Messer entfernen und jeden Rosenkohl in feine Scheiben schneiden. Anschließend den geschnittenen Rosenkohl mit zwei Esslöffeln Olivenöl in einer Schüssel mischen und zur Seite stellen.

2. Pistazien in eine Pfanne geben und ohne Öl circa vier Minuten anrösten. Während die Pistazien in der Pfanne angeröstet werden, den Grillkäse in Würfel schneiden. Die Pistazien nach Ablauf der Zeit in einem kleinen Schälchen zur Seite stellen und die Grillkäsewürfel ebenfalls ohne Öl in der selben Pfanne circa vier Minuten goldbraun anbraten.

3. Während der Grillkäse in der Pfanne angeröstet wird, den Apfel entkernen und in Würfel schneiden. Wenn die Grillkäsewürfel schon fast goldbraun sind, die gewürfelten Apfelstücke für eine Minute mit in der Pfanne braten, den Honig über den Apfel- und Grillkäsewürfeln verteilen und im Anschluss mit drei Esslöffeln Balsamicoessig ablöschen.

4. Halloumi- und Apfelwürfel inklusive abgelöschtem Balsamico-Honig-Sut zum geschnittenen Rosenkohl hinzugeben und vorsichtig mischen. Mit Meersalz würzen. Den lauwarmen Rosenkohlsalat mit den angerösteten Pistazien, den roten Pfefferkörnern und der Kresse garnieren.

ROTKOHLSALAT MIT BIRNE UND SCHAFSKÄSE,
REGIONALEN WALNÜSSEN UND PETERSILIE

ZUTATEN FÜR 2 PERSONEN:

1 kleiner Rotkohl
1 Packung (200 g – 250 g) Schafskäse
2,5 EL Walnüsse
2 EL Olivenöl
3 EL Balsamico
1 TL Honig
1 Handvoll Petersilie
1 Birne
½ TL Salz
½ TL Pfeffer

DER ROTKOHL KANN STATT MIT DEM MESSER AUCH MIT EINER KÜCHENREIBE ODER EINER KÜCHENMASCHINE GERASPELT WERDEN!

ZUBEREITUNG:

SCHRITT

1. Rotkohl waschen, von seinen äußeren Blättern befreien und den Strunk mit einem Messer entfernen. Rotkohl in feine Scheiben schneiden.
2. Anschließend den geschnittenen Rotkohl mit dem Olivenöl in einer Schüssel mischen und mit beiden Händen ordentlich durchkneten. Je länger das Kneten dauert, desto weicher wird das Rotkraut.
3. Die Birne entkernen und in Würfel schneiden. Walnüsse und Petersilie grob hacken und den Schafskäse zerbröseln oder in Würfel schneiden. Anschließend Birne und Schafskäse gemeinsam mit Honig, Balsamico, Salz und Pfeffer zum gekneteten Rotkohl geben und mit einem Löffel vorsichtig unterheben.
4. Den Rotkohlsalat mit gehackten Walnüssen und der Petersilie garnieren.

ROTE-BEETE-CARPACCIO MIT RUCOLA UND BÜFFELMOZZARELLA,

KÜRBISKERNEN, KÜRBISKERNÖL UND SCHNITTLAUCH

ZUTATEN FÜR 2 PERSONEN:

2 Knollen Rote Beete (alternativ vorgekochte und einvakuumierte Rote Beete)
2 Packung à 125 g (Büffel-)Mozzarella
2,5 EL Kürbiskerne
3 EL Kürbiskernöl
3 EL Balsamico
2 Handvoll Rucola (Rauke)
1 EL Schnittlauch
½ TL Salz
½ TL Pfeffer

ZUBEREITUNG:

SCHRITT

1. Frische Rote Beete waschen und in Salzwasser für circa 45 Minuten bissfest kochen. Wenn es sehr schnell gehen muss, kann auch fertig gekochte Rote Beete genommen werden.
2. In der Zwischenzeit den Rucola waschen und schleudern. Die Kürbiskerne in einer Pfanne ohne Öl anrösten und anschließend in einem kleinen Schälchen zum Abkühlen zur Seite stellen. Mozzarella in Scheiben schneiden. Schnittlauch fein hacken.
3. Die gekochte Rote Beete mit kaltem Wasser abschrecken, schälen und anschließend in dünne Scheiben schneiden oder hobeln. Rote Beete kreisförmig auf dem Teller anrichten und mit Mozzarellascheiben und Rucola anrichten.
4. Das Kürbiskernöl über Rote Beete, Rucola und Mozzarella verteilen und das Rote-Beete-Carpaccio mit Kürbiskernen, Salz und Pfeffer garnieren.

DAS ROTE-BEETE-CARPACCIO SCHMECKT SOWOHL LAUWARM ALS AUCH KALT KÖSTLICH. AUCH FÜR DIE LUNCHBOX PERFEKT GEEIGNET!

CHICORÉE-SCHIFFCHEN MIT HÜTTENKÄSE, RADICCHIO UND HASELNÜSSEN

ZUTATEN FÜR 2 PERSONEN:

4 Chicorée
1 Packung à 200 g Hüttenkäse
2,5 EL Haselnüsse
3 EL Rapsöl
3 EL weißer Balsamico
2 Handvoll Radicchio
1 Orange
1 EL Dill
½ TL Salz
½ TL Pfeffer

ZUBEREITUNG:

SCHRITT

1. Chicorée und Radicchio waschen. Die Blätter von Chicorée und Radicchio lösen. Chicorée auf einem Teller kreisförmig anrichten. Radicchio in kleine Streifen schneiden und in eine Schüssel geben. Orange filetieren und in Würfel schneiden. Dill fein hacken.
2. Radicchio mit Rapsöl, weißem Balsamico, Salz und Pfeffer mischen und in der Mitte des Chicorées anrichten.
3. Hüttenkäse mit den Orangenwürfeln mischen und mit einem kleinen Löffel in die Chicorée-Schiffchen geben.
4. Chicorée-Schiffchen mit Haselnüssen und Dill garnieren.

DIE BITTERSTOFFE DES CHICORÉES UND DES RADICCHIOS SIND FÜR DIE VERDAUUNG UND DIE ENTGIFTUNGSPROZESSE IM KÖRPER SEHR WERTVOLL.

DIE ANTI-STRESS-PASTA-ALTERNATIVEN

DIE ANTI-STRESS-PROTEIN-QUELLEN
LUPINEN-PASTA = 35 GRAMM EIWEISS PRO 100 GRAMM
ROTE-LINSEN-PASTA = 25 GRAMM EIWEISS PRO 100 GRAMM
KICHERERBSEN-PASTA = 20 GRAMM EIWEISS PRO 100 GRAMM
ERBSEN-PASTA = 23 GRAMM EIWEISS PRO 100 GRAMM
GELBE-LINSEN-PASTA = 22 GRAMM EIWEISS PRO 100 GRAMM
1 TSP / 5 ML

FÜR MITTAGS ODER ABENDS

DIE ANTI-STRESS-BOLOGNESE

SCHRITT 1 PROTEINQUELLE FÜR DIE BOLOGNESESAUCE AUSWÄHLEN

SCHRITT 2 BOLOGNESE NACH REZEPT ZUBEREITEN

SCHRITT 3 IST ES MITTAG ODER ABEND?
Mittags = Anti-Stress-Protein-Pasta-Alternative wählen oder Anti-Stress-Gemüse-Pasta mit dem Spiralschneider zubereiten

SCHRITT 4 MIT KRÄUTERN UND PARMESAN ODER VEGANEN HEFEFLOCKEN ANRICHTEN UND GENIESSEN

		PASTA-ALTERNATIVE		
PROTEINQUELLE BOLOGNESESAUCE	KLASSISCHES BOLOGNESE-GEMÜSE	ANTI-STRESS-PROTEIN-PASTA	ANTI-STRESS-KOHLENHYDRATE (ABENDS)	ANTI-STRESS-GEMÜSE-PASTA
TOFU	ZWIEBELN	ERBSEN-PASTA	VOLLKORN-PASTA	ZUCCHINI-PASTA
RINDERHACK	KNOBLAUCH	GELBE-LINSEN-PASTA	DINKEL-VOLLKORN-PASTA	KAROTTEN-PASTA
SOJASCHNETZEL	STAUDENSELLERIE	LUPINEN-PASTA	BUCHWEIZEN-PASTA	ROTE-BEETE-PASTA
LUPINENSCHNETZEL	GETROCKNETE TOMATEN	ROTE-LINSEN-PASTA	REIS-PASTA	KOHLRABI-PASTA
BERGLINSEN	TOMATEN			KNOLLENSELLERIE-PASTA
	KAROTTEN			GURKEN-PASTA
				PETERSILIENWURZEL-PASTA

PROTEINE
GEMÜSE
NUDELN AUS ERBSEN

ERBSEN-FUSILLI MIT BOLOGNESESAUCE VOM RIND

ZUTATEN FÜR 4 PERSONEN MIT LEFT-OVER:

- 2 Zwiebeln
- 1 Knoblauchzehe
- 200 ml Tomatenmark
- 3 EL Olivenöl
- 5 getrocknete Tomaten (in Öl), geschnitten
- 3 Karotten
- 2 Stangen Staudensellerie
- ½ Knollensellerie
- 400 g Bio-Rinderhack
- 3 EL Balsamicoessig
- 800 ml Tomaten (gehackt, aus Glas) oder 12 frische Tomaten
- 2 EL italienische Kräutermischung
- Salz
- Pfeffer
- 1 Zweig Rosmarin
- 500 g Erbsen-Fusilli
- 1 kleines Stück Parmesan/Hefeflocken
- Basilikumstrauch

ZUBEREITUNG:

SCHRITT

1. Rinderhack aus dem Kühlschrank nehmen und bereitstellen.

2. Zwiebeln, Karotten, Staudensellerie, Knollensellerie, Knoblauch schälen und klein schneiden. Olivenöl in einem großen Topf erhitzen. Zwiebeln, Karotten, Staudensellerie und Knollensellerie 5 Minuten bei mittlerer Hitze anbraten sodass Röstaromen entstehen. Knoblauch, Rosmarin und getrocknete Tomaten dazugeben.

3. Mit circa 3 EL Balsamico ablöschen und im Anschluss Rinderhack und Tomatenmark hinzugeben. 5 Minuten im Sud anbraten. Mit 800 ml gestückelten Tomaten auffüllen. 2 TL italienische Kräuter und ½ TL Salz + ½ TL Pfeffer hinzugeben.

   Auf kleiner Stufe ohne Deckel für mindestens 60 Minuten köcheln lassen. Mit den Gewürzen gut abschmecken, nochmals aufkochen, die Hitze fast ganz runternehmen, Deckel drauf und je nach Zeit weiterköcheln lassen. Je länger es köchelt, desto intensiver entfalten sich die Aromen.

4. Erbsen-Fusilli nach Anleitung in Salzwasser kochen. Mit Bolognesesauce mischen und mit Parmesan oder Hefeflocken und Basilikum anrichten.

HEFEFLOCKEN
VEGANES TOPPING
PROTEINE
NUDELN AUS GELBEN
LINSEN
SAISOLALES
GEMÜSE

GELBE-LINSEN-SPAGHETTI MIT SOJA-BOLOGNESE

ZUTATEN FÜR 4 PERSONEN MIT LEFT-OVER:

2 Zwiebeln
1 Knoblauchzehe
200 ml Tomatenmark
3 EL Olivenöl
5 getrocknete Tomaten (in Öl), geschnitten
3 Karotten
2 Stangen Staudensellerie
½ Knollensellerie
200 g Sojagranulat (Sojaschnetzel)
400 ml Gemüsebrühe (400 ml Wasser + 1 EL Gemüsebrühe)
3 EL Balsamicoessig
800 ml Tomaten (gehackt, aus Glas) oder 12 frische Tomaten
2 EL italienische Kräutermischung
Salz, Pfeffer
1 Zweig Rosmarin
500 g gelbe Linsen Spaghetti
1 kleines Stück Parmesan/Hefeflocken
Basilikumstrauch

ZUBEREITUNG:

SCHRITT

1. 200 g Sojaschnetzel mit 400 ml Gemüsebrühe übergießen und circa 15 Minuten ziehen lassen.

2. In der Zwischenzeit Zwiebeln, Karotten, Staudensellerie, Knollensellerie, Knoblauch schälen und klein schneiden. Olivenöl in einem großen Topf erhitzen. Zwiebeln, Karotten, Staudensellerie und Knollensellerie 5 Minuten bei mittlerer Hitze anbraten, sodass Röstaromen entstehen. Knoblauch, Rosmarin und getrocknete Tomaten dazugeben.

3. Mit circa 3 EL Balsamico ablöschen und im Anschluss eingeweichte Sojaschnetzel in einem Sieb abtropfen lassen und mit dem Tomatenmark zum Gemüse hinzugeben. 5 Minuten im Sud anbraten. Mit 800 ml gestückelten Tomaten auffüllen. 2 TL italienische Kräuter und ½ TL Salz + ½ TL Pfeffer hinzugeben.

   Auf kleiner Stufe ohne Deckel für mindestens 60 Minuten köcheln lassen. Mit den Gewürzen gut abschmecken, nochmals aufkochen, die Hitze fast ganz runternehmen, Deckel drauf und je nach Zeit weiterköcheln lassen. Je länger es köchelt, desto intensiver entfalten sich die Aromen.

4. Gelbe-Linsen-Spaghetti nach Anleitung in Salzwasser kochen. Mit Bolognesesauce mischen und mit Parmesan oder Hefeflocken und Basilikum anrichten.

ZOODLES MIT LUPINEN-BOLOGNESE

ZUTATEN FÜR 4 PERSONEN MIT LEFTOVER:

- 2 Zwiebeln
- 1 Knoblauchzehe
- 200 ml Tomatenmark
- 3 EL Olivenöl
- 5 getrocknete Tomaten (in Öl), geschnitten
- 3 Karotten
- 2 Stangen Staudensellerie
- ½ Knollensellerie
- 200 g Lupinengranulat (Lupinenschnetzel)
- 400 ml Gemüsebrühe (400 ml Wasser + 1 EL Gemüsebrühe)
- 3 EL Balsamicoessig
- 800 ml Tomaten (gehackt, aus Glas) oder 12 frische Tomaten
- 2 EL italienische Kräutermischung
- Salz, Pfeffer
- 1 Zweig Rosmarin
- 2-3 Zuchini
- 1 kleines Stück Parmesan/Hefeflocken
- Basilikumstrauch

ZUBEREITUNG:

SCHRITT

1. Zucchini mit einem Spiralschneider zu Zoodles verarbeiten. Im Anschluss 200 g Lupinenschnetzel mit 400 ml Gemüsebrühe übergießen und circa 15 Minuten ziehen lassen.

2. In der Zwischenzeit Zwiebeln, Karotten, Staudensellerie, Knollensellerie, Knoblauch schälen und klein schneiden. Olivenöl in einem großen Topf erhitzen. Zwiebeln, Karotten, Staudensellerie und Knollensellerie 5 Minuten bei mittlerer Hitze anbraten, sodass Röstaromen entstehen. Knoblauch, Rosmarin und getrocknete Tomaten dazugeben.

3. Mit circa 3 EL Balsamico ablöschen und im Anschluss eingeweichte Lupinenschnetzel in einem Sieb abtropfen lassen und mit dem Tomatenmark zum Gemüse hinzugeben. 5 Minuten im Sud anbraten. Mit 800 ml gestückelten Tomaten auffüllen. 2 TL italienische Kräuter und ½ TL Salz + ½ TL Pfeffer hinzugeben.

   Auf kleiner Stufe ohne Deckel für mindestens 60 Minuten köcheln lassen. Mit den Gewürzen gut abschmecken, nochmals aufkochen, die Hitze fast ganz runternehmen, Deckel drauf und je nach Zeit weiterköcheln lassen. Je länger es köchelt, desto intensiver entfalten sich die Aromen.

4. Zoodles zwei Minuten in Salzwasser kochen und abtropfen lassen. Mit Bolognesesauce mischen und mit Parmesan oder Hefeflocken und Basilikum anrichten.

PROTEINE
GEMÜSE
HOCHWERTIGE KOHLENHYDRATE

DINKEL-VOLLKORN-PENNE MIT LINSEN-BOLOGNESE

ZUTATEN FÜR 4 PERSONEN MIT LEFT-OVER:

2 Zwiebeln
1 Knoblauchzehe
200 ml Tomatenmark
3 EL Olivenöl
5 getrocknete Tomaten (in Öl), geschnitten
3 Karotten
2 Stangen Staudensellerie
½ Knollensellerie
200 g Berglinsen
400 ml Gemüsebrühe (400 ml Wasser + 1 EL Gemüsebrühe)
3 EL Balsamicoessig
800 ml Tomaten (gehackt, aus Glas) oder 12 frische Tomaten
2 EL italienische Kräutermischung
Salz, Pfeffer
1 Zweig Rosmarin
500 g Dinkel-Vollkorn-Penne
1 kleines Stück Parmesan/Hefeflocken
Basilikumstrauch

ROTE UND GELBE LINSEN MÜSSEN NICHT EINGEWEICHT WERDEN UND DIE KOCHZEIT VERRINGERT SICH AUF 15–20 MINUTEN. JEDOCH KOMMEN GELBE UND ROTE LINSEN AUS DEM EUROPÄISCHEN AUSLAND. BERGLINSEN GIBT ES IN HÖCHSTER QUALITÄT AUS DEUTSCHLAND, Z. B. VON DER SCHWÄBISCHEN ALB.

ZUBEREITUNG:

SCHRITT

1. Die getrockneten Berglinsen idealerweise über Nacht in der dreifachen Menge Wasser einweichen. Aber auch ohne Einweichen ist das Rezept problemlos machbar – lediglich die Garzeit verlängert sich ein wenig. Die eingeweichten Berglinsen in einem Sieb abtropfen, abwaschen und zur Seite stellen.

2. In der Zwischenzeit Zwiebeln, Karotten, Staudensellerie, Knollensellerie, Knoblauch schälen und klein schneiden. Olivenöl in einem großen Topf erhitzen. Zwiebeln, Karotten, Staudensellerie und Knollensellerie 5 Minuten bei mittlerer Hitze anbraten, sodass Röstaromen entstehen. Knoblauch, Rosmarin und getrocknete Tomaten dazugeben.

3. Mit circa 3 EL Balsamico ablöschen und im Anschluss die gewaschenen und abgetropften Berglinsen mit dem Tomatenmark zum Gemüse hinzugeben. 5 Minuten im Sud anbraten. Mit 800 ml gestückelten Tomaten und 400 ml Gemüsebrühe auffüllen. 2 TL italienische Kräuter und ½ TL Salz + ½ TL Pfeffer hinzugeben.

   Auf kleiner Stufe ohne Deckel für mindestens 60 Minuten köcheln lassen. Mit den Gewürzen gut abschmecken, nochmals aufkochen, die Hitze fast ganz runternehmen, Deckel drauf und je nach Zeit weiterköcheln lassen. Je länger es köchelt, desto intensiver entfalten sich die Aromen.

4. Dinkel-Vollkorn-Penne nach Packungsbeilage in Salzwasser kochen und abtropfen lassen. Mit Bolognesesauce mischen und mit Parmesan oder Hefeflocken und Basilikum anrichten.

DAS ANTI-STRESS-OFENGEMÜSE

SCHRITT 1 SAISONALES UND REGIONALES GEMÜSE AUSWÄHLEN

SCHRITT 2 OFENGEMÜSE ZUBEREITEN:
Gemüse vierteln, oder bei größeren Gemüsesorten wie Rote Beete in daumengroße Stücke schneiden. In einer Salatschüssel 2-3 Esslöffel Öl mit dem Gemüse vermengen (mit den Händen geht es am schnellsten), salzen und pfeffern.
Ofengemüse braucht in der der Regel zwischen 35 und 45 Minuten im Ofen (200° C). Zwischendurch 1-2-mal das Gemüse wenden. Als grobe Regel gilt, je winterlicher und härter das Gemüse ist, desto länger braucht es, um weich zu werden.
Lassen Sie sich von den unterschiedlichen Garzeiten nicht stressen, Ofengemüse schmeckt immer gut auch mit unterschiedlichen Knackigkeitsstufen.

SCHRITT 3 PROTEINQUELLE AUSWÄHLEN

SCHRITT 4 PROTEINQUELLE ZUBEREITEN

PROTEINQUELLE	ZUBEREITUNG
RÄUCHERTOFU	IN WÜRFEL, STICKS ODER HÄLFTEN SCHNEIDEN, MIT OFENGEMÜSE UND ÖL MISCHEN UND DIREKT MIT IN DEN OFEN GEBEN ODER IN DER PFANNE ANBRATEN.
HÄHNCHENSCHLEGEL	MIT ÖL BESTREICHEN UND MIT DEM OFENGEMÜSE CA. 40 MIN BACKEN, ZWISCHENDURCH 1-2-MAL MIT FLÜSSIGKEIT AUS DER AUFLAUFFORM NEU BESTREICHEN.
RINDERFILET	IN DER PFANNE 1 MINUTE VON JEDER SEITE SCHARF ANBRATEN UND DIE LETZTEN 8 MINUTEN AUF DAS OFENGEMÜSE LEGEN.
SCHWEINEFILET	IN DER PFANNE 1 MINUTE VON JEDER SEITE SCHARF ANBRATEN UND DIE LETZTEN 8 MINUTEN AUF DAS OFENGEMÜSE LEGEN.
SCHAFSKÄSE	IN WÜRFEL, STICKS ODER HÄLFTEN SCHNEIDEN UND ENTWEDER DIE LETZTEN 8 MINUTEN AUF DAS GEMÜSE LEGEN ODER DIREKT VON ANFANG AN UNTER DAS GEMÜSE MISCHEN UND MITBACKEN.
HIRTENKÄSE	IN WÜRFEL, STICKS ODER HÄLFTEN SCHNEIDEN UND ENTWEDER DIE LETZTEN 8 MINUTEN AUF DAS GEMÜSE LEGEN ODER DIREKT VON ANFANG AN UNTER DAS GEMÜSE MISCHEN UND MITBACKEN.
GRILLKÄSE	IN WÜRFEL, STICKS ODER HÄLFTEN SCHNEIDEN, MIT OFENGEMÜSE UND ÖL MISCHEN UND DIREKT MIT IN DEN OFEN GEBEN ODER IN DER PFANNE ANBRATEN.

OFENGEMÜSE MIT RÄUCHERTOFU

VEGAN!

ZUTATEN FÜR 2 PERSONEN MIT LEFT-OVER:

400 g Räuchertofu
400 g grüner Spargel
200 g Zuckerschoten
200 g Paprika
200 g Blumenkohl
200 g Kartoffeln (Drillinge)
2-3 Esslöffel Olivenöl
Frische Kräuter (Thymian, Rosmarin)
Salz, Pfeffer

FÜR LEFTOVER ZUSÄTZLICH:

1-2 EL Balsamico oder Apfelessig
1 EL Olivenöl
Frischen saisonalen und regionalen Salat

ZUBEREITUNG:

SCHRITT

1. Backofen auf 200° vorheizen (Umluft oder Ober-Unterhitze). Gemüse waschen und abtrocknen. An den Seiten der Zuckerschoten finden man eine Art Faden, den Sie abziehen sollten. Der Faden ist ungefährlich aber nur schwer kaubar. Paprika vierteln oder in daumengroße Stücke schneiden. Blumenkohl in Röschen schneiden. Drillinge ungeschält halbieren. Das Gemüse und die Kartoffeln in eine Auflaufform geben.
2. Räuchertofu halbieren und mit zum Gemüse in die Auflaufform geben.
3. Gemüse, Kartoffeln und Räuchertofu mit 2-3 Esslöffel Öl vermengen (mit den Händen geht es am Schnellsten). Danach salzen, pfeffern und kräutern.
4. Räuchertofu auf dem Gemüse platzieren und in den Ofen geben. Bei 200° für circa 40 Minuten im Ofen lassen. Nach 20 Minuten Gemüse und Räuchertofu einmal durchwenden.

FÜR DEN LEFT-OVER-SALAT AM NÄCHSTEN TAG EINFACH ZWEI HÄNDE VOLL FRISCHEN SALAT ZUM ÜBRIG GEBLIEBENEN OFENGEMÜSE GEBEN UND MIT OLIVENÖL UND ESSIG MISCHEN. ANTI-STRESS-ERINNERUNG: SOBALD KARTOFFELN DABEI SIND, IST ES EINE ABENDMAHLZEIT. ☺

MITTAGS EINFACH DIE KARTOFFELN WEGLASSEN!

OFENGEMÜSE MIT SCHAFSKÄSE

VEGGIE!

ZUTATEN FÜR 2 PERSONEN MIT LEFT-OVER:

200 g Schafskäse
200 g Tomaten
200 g rote Zwiebeln
200 g Paprika
200 g Zucchini
200 g Aubergine
200 g Fenchel
Optional 4 Knoblauchzehen
2-3 Esslöffel Olivenöl
Frische Kräuter (Thymian, Rosmarin)
Salz, Pfeffer

FÜR LEFTOVER ZUSÄTZLICH:

1-2 EL Balsamico oder Apfelessig
1 EL Olivenöl
Frischen saisonalen und regionalen Salat

SIE KÖNNEN DEN SCHAFSKÄSE AUCH KLEIN SCHNEIDEN ODER ZERBRÖSELN, MIT DEM GEMÜSE MISCHEN UND DIREKT VON BEGINN AN MIT DEM GEMÜSE IN DEN OFEN GEBEN!

ZUBEREITUNG:

SCHRITT

1. Backofen auf 200° vorheizen (Umluft oder Ober-Unterhitze). Gemüse waschen und abtrocknen. Tomaten, rote Zwiebeln, Paprika, Zucchini, Aubergine und Fenchel in daumengroße Stücke schneiden. Die Knoblauchzehen ungeschält mit dem Gemüse in eine Auflaufform geben.
2. Schafskäse halbieren.
3. Gemüse mit 2-3 Esslöffel Öl vermengen (mit den Händen geht es am schnellsten). Danach salzen, pfeffern und kräutern. Bei 200° für circa 40 Minuten im Ofen lassen. Das Gemüse nach 20 Minuten einmal durchwenden.
4. Schafskäse die letzten 8 Minuten in den Ofen geben und auf dem Gemüse platzieren.

OFENGEMÜSE MIT FILET MIGNON

ZUTATEN FÜR 2 PERSONEN MIT LEFT-OVER:

2 x 150-180 g Filet Mignon (circa 1,5 cm Medaillons)
200 g Hokkaido-Kürbis
200 g Petersilienwurzel
200 g Champignons
200 g Brokkoli
200 g rote Zwiebeln
Optional 4 Knoblauchzehen
2-3 Esslöffel Olivenöl
Frische Kräuter (Thymian, Rosmarin)
Salz, Pfeffer

FÜR LEFT-OVER ZUSÄTZLICH:

1-2 EL Balsamico oder Apfelessig
1 EL Olivenöl
Frischen saisonalen und regionalen Salat

DIE ZUBEREITUNGSART, WIE HIER FÜR DAS RINDERFILET BESCHRIEBEN, KLAPPT EBENFALLS MIT HIRSCH-, REH- ODER BISONFILET. WILD HAT DEN VORTEIL, DASS ES GUT REGIONAL ERHÄLTLICH UND REICH AN EIWEISS, VITAMINEN UND NÄHRSTOFFEN IST. IDEAL ZUR ROTATION DER EIWEISSQUELLEN GEEIGNET!

ZUBEREITUNG:

SCHRITT

1. Backofen auf 200° vorheizen (Umluft oder Ober-Unterhitze). Gemüse waschen und abtrocknen. Die Petersilienwurzel schälen und die Pilze mit einer Bürste oder Pinsel vorsichtig putzen. Kürbis, rote Zwiebeln, Petersilienwurzel, Champignons in daumengroße Stücke schneiden. Die Knoblauchzehen ungeschält mit dem Gemüse in eine Auflaufform geben. Brokkoli in Röschen schneiden.

2. Die Rinderfilets aus dem Kühlschrank nehmen, abtupfen und zur Seite stellen.

3. Das Gemüse mit 2-3 Esslöffel Öl vermengen (mit den Händen geht es am schnellsten). Danach salzen, pfeffern und kräutern. Bei 200° für circa 40 Minuten im Ofen lassen. Das Gemüse nach 20 Minuten einmal durchwenden.

4. Die Rinderfilets circa 10 Minuten vor Ende der Garzeit des Gemüses in einer Pfanne jeweils 1 Minute pro Seite anbraten, salzen und pfeffern und anschließend für 8 Minuten zum Gemüse in den Ofen legen.

OFENGEMÜSE MIT HÄHNCHENSCHLEGELN

ZUTATEN FÜR 2 PERSONEN MIT LEFT-OVER:

2 x Hähnchenschlegel
300 g Rote Beete
300 g Pastinake
300 g Karotten
2-3 Esslöffel Olivenöl
Frische Kräuter (Thymian, Rosmarin)
Salz, Pfeffer

FÜR LEFT-OVER ZUSÄTZLICH:

1-2 EL Balsamico oder Apfelessig
1 EL Olivenöl
Frischen saisonalen und regionalen Salat

ZUBEREITUNG:

SCHRITT

1. Backofen auf 200° vorheizen (Umluft oder Ober-Unterhitze). Gemüse waschen und abtrocknen. Die Rote Beete schälen. Die Karotten und die Pastinaken können auch ungeschält bleiben. Die Rote Beete vierteln oder bei großen Knollen auch achteln, die Karotten und die Pastinaken längs halbieren. Die Knoblauchzehen ungeschält mit dem Gemüse in eine Auflaufform geben.

ANTI-STRESS-TIPP:
BEIM SCHÄLEN DER ROTEN BEETE IST MAXIMALE AUFMERKSAMKEIT GEFORDERT. DER ENTHALTENE FARBSTOFF IST SEHR INTENSIV UND AUF KLEIDUNGSSTÜCKEN GUT SICHTBAR.
TRAGEN SIE VORSICHTSHALBER EINE SCHÜRZE!

2. Die Hähnchenschlegel aus dem Kühlschrank nehmen und abtupfen.

3. Das Gemüse und die Hähnchenschlegel mit 2-3 Esslöffel Öl vermengen (mit den Händen geht es am schnellsten). Danach salzen, pfeffern und kräutern.

4. Die Hähnchenschlegel mit dem Gemüse für circa 40-45 Minuten im Ofen backen. Das Gemüse nach 20 min durchwenden und das Hähnchen mit Flüssigkeit aus der Auflaufform bestreichen.

LEFT-OVER-SALAT OFENGEMÜSE

ZUTATEN:

Ofengemüse vom Vortag oder Mittagessen
Proteinquelle à 150-250 g (vom Vortag oder aus der Matrix unten)
1-2 EL Balsamico oder Apfelessig
1 EL Olivenöl
Frischen saisonalen und regionalen Salat
1-2 TL regionale Toppings

ZUBEREITUNG:

SCHRITT

1. Saisonalen und regionalen Salat waschen, schleudern und in mundgerechte Stücke zerkleinern.
2. Den frischen Salat zum übrig gebliebenen Ofengemüse geben und mit Olivenöl und Essig mischen.
3. Falls von der Ofengemüse-Proteinquelle noch etwas übrig geblieben ist, diese dazugeben oder eine neue Proteinquelle dazugeben und untermischen. Als Proteinquellen für den Left-Over-Salat eignen sich besonders schnell zubereitbare Proteinquellen wie geräucherter Fisch, hart gekochte Eier, weiße Bohnen aus dem Glas, Schafs- oder Hirtenkäse oder Mozzarella.
4. Runden Sie den Salat mit 1-2 Teelöffeln regionaler Superfood-Toppings ab und genießen Sie Ihren Left-Over-Salat mittags ohne Kohlenhydratbeilage. Ergänzen Sie abends eine hochwertigen Kohlenhydratbeilage wie Kartoffeln, Nudeln oder schwarzen Reis und machen Sie beispielsweise einen leckeren Left-Over-Ofengemüse-Nudelsalat daraus.

	PROTEINQUELLE/ LEFT-OVER-PROTEINE	REGIONALE TOPPINGS	OPTIONAL ALS SALAT-EINLAGE FÜR ABENDS
LEFT-OVER-OFENGEMÜSE + SAISONALER UND REGIONALER SALAT	SCHAFSKÄSE	KÜRBISKERNE	VOLLKORN-PASTA
	HIRTENKÄSE	HASELNÜSSE	SCHWARZER REIS
	SCHAFSKÄSE	WALNÜSSE	KARTOFFELN
	WEISSE BOHNEN IM GLAS	SONNENBLUMENKERNE	
	HART GEKOCHTE EIER	HANFSAMEN	
	GERÄUCHERTER FISCH	HEFEFLOCKEN	

DIE ANTI-STRESS-KLASSIKER

Viele traditionelle Gerichte aus unserer Region sind durch das kosmopolitische Ernährungsangebot ein wenig in Vergessenheit geraten. Vier meiner Lieblingsklassiker aus der regionalen und saisonalen Küche finden Sie in diesem Modul. Hochwertige Lebensmittel müssen wir nicht in Asien oder Südamerika suchen, sondern wir finden Sie direkt vor unserer Tür. Spinat, Sauerkraut, Linsen oder Kartoffeln sind wahre regionale Superfoods mit kurzen Lieferwegen und bei Einkauf aus biologischem Anbau mit maximaler Transparenz. Holen Sie die Tradition wieder in Ihre Küche und genießen Sie gesunde Klassiker aus der Region.

HOCHWERTIGE KOHLENHYDRATE
SAISONALES GEMÜSE
GESUNDE PROTEINE
REGIONALES TOPPING

SPIEGELEI MIT SPINAT UND KARTOFFELN

ZUTATEN FÜR 2 PERSONEN:

400 g frischer Spinat (alternativ junger Tiefkühlspinat)
1 Zwiebel
1 Knoblauchzehe
2 mittelgroße Bio-Eier
Salz, Pfeffer
300 g Drillinge, gewaschen, mit Schale
1,5 Esslöffel Olivenöl
Meersalz
Pfeffer
Nadeln von 2-3 frischen Rosmarinzweigen

BACKOFEN AUF 200° VORHEIZEN

ZUBEREITUNG:

SCHRITT

1. Die Kartoffeln mit dem Öl, Salz, Pfeffer und Rosmarin in einer Schüssel vermengen. Anschließend auf einem Backblech mit Mehrweg-Backpapier verteilen und für circa 40 Minuten backen. Zwischendurch 1-2-mal wenden.

2. In der Zwischenzeit den Spinat gründlich waschen und abtrocknen. Zwiebel und Knoblauch schälen und fein schneiden. Öl in einer Pfanne erhitzen und die Zwiebeln bei niedriger Temperatur andünsten. Den Knoblauch dazugeben und den Spinat portionsweise dazugeben. Gut salzen, pfeffern und mit geschlossenem Deckel köcheln lassen.

3. Circa 10 Minuten vor Ende der 40 Minuten Backzeit der Kartoffeln zwei Spiegeleier in einer weiteren Pfanne in erhitztes Olivenöl hineinsetzen und bei mittlerer Hitze langsam backen. Mit Pfeffer und Salz würzen.

4. Beim Spinat das ausgetretene Wasser abschütten und mit Kartoffeln und Spiegelei auf dem Teller anrichten. Mit Meersalz veredeln.

DIESER VEGETARISCHE KLASSIKER IST IDEAL FÜR ABENDS GEEIGNET UND HAT DURCH DIE KOMBINATION VON EI UND KARTOFFEL EINE HOHE BIOLOGISCHE WERTIGKEIT. JE BIOLOGISCH HOCHWERTIGER, DESTO MEHR ESSENZIELLE AMINOSÄUREN SIND IN DER MAHLZEIT ENTHALTEN. ALS ALTERNATIVE ZU DEN OFENKARTOFFELN KÖNNEN SIE NATÜRLICH AUCH SALZKARTOFFELN ODER KARTOFFELPÜREE NEHMEN.

SAUERKRAUT MIT KASSELER UND KARTOFFELPÜREE

ZUTATEN FÜR 2 PERSONEN:

1 große Zwiebel
1 EL Albaöl oder Butter
1 Glas Sauerkraut à 400 g
0,5 l Gemüse- oder Rinderbrühe
1 Lorbeerblatt
2 Wacholderbeeren
1 Prise Kümmel
1 Prise Honig oder Zucker

300 g mehligkochende Kartoffeln
1 EL Butter oder Albaöl
3-4 EL Hafermilch
1 Prise Muskat

GENIEẞEN SIE DIESEN REGIONALEN KLASSIKER MITTAGS EINFACH OHNE DAS KARTOFFELPÜREE. ALS VEGANE ALTERNATIVE NEHMEN SIE RÄUCHERTOFU ANSTATT DES KASSELERS. DAZU EINFACH BEI SCHRITT 2 DEN RÄUCHERTOFU IN STÜCKE SCHNEIDEN UND MIT DEN ZWIEBELN ANDÜNSTEN. ANSCHLIEẞEND DAS SAUERKRAUT UND DIE GEMÜSEBRÜHE ZUM RÄUCHERTOFU DAZUGEBEN UND KÖCHELN LASSEN.

ZUBEREITUNG:

SCHRITT

1. Die Kartoffeln schälen, waschen und in daumengroße Stücke schneiden. Die Zwiebeln schälen, halbieren und in kleine Würfel schneiden.

2. Butter oder Öl in einem Topf erhitzen und die Zwiebeln goldgelb andünsten. Das Sauerkraut abtropfen lassen, in den Topf geben und mit Gemüse- oder Rinderbrühe aufgießen. Die Gewürze dazugeben und unterrühren. Kasseler auf das Sauerkraut in den Topf legen und mit geschlossenem Deckel circa 20 Minuten köcheln lassen.

3. Die klein geschnittenen Kartoffeln in einen Topf mit kochendem Salzwasser geben und für circa 15 Minuten kochen lassen. Anschließend in ein Sieb abschütten und ausdampfen lassen.

4. Die Kartoffeln wieder zurück in den Topf geben. Die Hafermilch und einen Esslöffel Öl oder Butter dazugeben und mit einem Kartoffelstampfer zu Püree verarbeiten. Das Sauerkraut mit Salz, Pfeffer und Honig abschmecken und mit dem Kartoffelpüree und dem Kasseler genießen.

Gebackene Forelle mit Gurkensalat

ZUTATEN FÜR 2 PERSONEN:

2 Bachforellen
2 Knoblauchzehen
Salz, Pfeffer
3 Esslöffel Olivenöl
8 Stiele Thymian

1 Gurke
Halbes Bund Dill
Olivenöl
Apfelessig

2 große Kartoffeln (für Ofenkartoffel)
250 g Quark
1 Schuss Sprudel
Halbes Bund Dill
Halbes Bund Petersilie
1 kleine Schalotte

BACKOFEN AUF 200° VORHEIZEN

ZUBEREITUNG:

SCHRITT

1. Die Kartoffeln waschen und mittig längs einschneiden. In eine Auflaufform legen, mit Öl bepinseln und salzen. Im vorgeheizten Backofen bei 200° circa 40 Minuten goldbraun backen.

2. Die Forellen von außen und innen mit kaltem Wasser abwaschen und mit einem Küchenpapier vorsichtig trocken tupfen. Den Knoblauch schälen und in dünne Scheiben schneiden. Die Forelle von außen und innen mit Olivenöl einreiben und den Bauchraum mit Thymian und Knoblauch füllen. Die Forellen 15 Minuten nach den Kartoffeln mit in die Auflaufform setzen und für 25 Minuten garen.

3. Den Quark mit einem Schuss Sprudelwasser cremig rühren. Die Schalotte schälen und klein schneiden. Den Dill und die Petersilie klein hacken und mit der Schalotte in den Quark unterrühren. Mit Salz und Pfeffer abschmecken.

4. Für den Gurkensalat die Gurke ungeschält mit einer Küchenreibe in feine Scheiben reiben. Mit Essig, Öl, Dill, Salz und Pfeffer mischen. Den Gurkensalat mit den Forellen, der Kartoffel und dem Kräuterquark anrichten.

LINSENEINTOPF MIT RÄUCHERTOFU

ZUTATEN:

200 g Berglinsen, getrocknet
1 Zwiebel
2 große Möhren
2 große Pastinaken
1 halber Knollensellerie
400 g Räuchertofu
2 EL Rapsöl
1 Schuss Apfelessig
1 Esslöffel Senf
0,75 l Gemüsebrühe
Salz und Pfeffer
Halber Bund Petersilie, fein geschnitten
1 Teelöffel Thymian
1 Teelöffel Majoran
1 Lorbeerblatt

ZUBEREITUNG:

SCHRITT

1. Die Zwiebel schälen, halbieren und in kleine Würfel schneiden. Das Gemüse waschen und schälen. Das Gemüse und den Räuchertofu in Würfel schneiden. Wenn möglich die Berglinsen über Nacht mit ausreichend Wasser einweichen.
2. Die Zwiebel mit dem Öl in einem Topf erhitzen und andünsten. Den Räuchertofu und das Gemüse dazugeben, für 5 Minuten anbraten und anschließend mit Essig ablöschen.
3. Die Linsen abtropfen lassen, in den Topf mit den Zwiebeln, Räuchertofu und Gemüse geben. Mit der Gemüsebrühe aufgießen. Die Gewürze, Petersilie und den Senf dazugeben und unterrühren.
4. Für knapp 30 Minuten köcheln lassen und mit Salz, Pfeffer und Essig abschmecken. Falls Sie die Linsen nicht über Nacht eingeweicht haben, verlängert das die Garzeit der Linsen um einige Minuten.

FÜR MICH WAR DIE ENTDECKUNG DES RÄUCHERTOFUS, ALS GESUNDE ALTERNATIVE ZUM KLASSISCHEN WÜRSTCHEN, IM LINSENEINTOPF EINE WIRKLICHE ÜBERRASCHUNG. GEBEN SIE DIESER VERSION DES KLASSIKERS EINE CHANCE – SELBST WENN SIE BISHER NICHT DER GRÖßTE TOFUFAN WAREN. VIELLEICHT WERDEN SIE ES DANACH. FALLS NICHT – NEHMEN SIE EBEN EIN BIO-WÜRSTCHEN MIT MÖGLICHST WENIG ZUSATZSTOFFEN UND FLEISCH AUS BESTER TIERHALTUNG.

DIE ANTI-STRESS-
OFENREZEPTE

Rezepte aus dem Ofen sind sehr dankbar. Einfach, lecker und leicht zu kombinieren. Probieren Sie verschiedene Pesto-Variationen aus, nehmen Sie andere Gemüsesorten und entdecken Sie neue Geschmackserlebnisse. Sobald Sie hochwertige biologische regionale und saisonale Lebensmittel verwenden, können Sie fast alles mit allem kombinieren. Lassen Sie Ihrer Kreativität und finden Sie Ihr persönliches Anti-Stress-Ofenrezept.

SAISONALES GEMÜSE
PROTEINE
KOHLEN-
HYDRATE

GEBACKENE AUBERGINE MIT JOGHURT UND VENERE REIS

ZUTATEN FÜR 2 PERSONEN:

2 Auberginen
100 g schwarzer Venere Reis (entspricht circa einer Tasse)
200 g Sahnejoghurt
Ein Bund Minze
2 Knoblauchzehen
2 Esslöffel Olivenöl

BACKOFEN AUF 200° VORHEIZEN

ZUBEREITUNG:

SCHRITT

1. Die Auberginen waschen, abtrocknen und der Länge nach halbieren. Die Schnittflächen mit einem Messer in rautenform circa 2 cm einschneiden. Den Knoblauch schälen und in kleine Scheiben schneiden.

2. Die Auberginen mit der Schale nach unten in eine Auflaufform legen und rundherum inklusive Schnittflächen mit Olivenöl einpinseln. Die Knoblauchscheiben gleichmäßig in die eingeschnittene Oberfläche stecken und anschließend die Auberginen für circa 40 Minuten in den Ofen schieben.

3. Direkt im Anschluss den Venere Reis nach Packungsbeilage zubereiten. Bei weißem Reis wird üblicherweise die doppelte Menge an Wasser hinzugefügt, bei schwarzem Reis wird die zweieinhalbfache Menge an gesalzenem Wasser verwendet. Die Kochzeit beträgt in der Regel 35 Minuten.

4. Richten Sie die Auberginen auf einem Teller mit dem Sahnejoghurt an, geben Sie den Reis dazu, verfeinern Sie das Gericht mit frischer Minze.

DIE IM VERGLEICH ZU WEIẞEM REIS SELTENERE PIGMENTIERUNG IST GANZ NATÜRLICH. GRUND DAFÜR IST DER HOHE GEHALT AN ANTIOXIDANTEN, DIE FREIE RADIKALE ABFANGEN UND DIE OXIDATION VERHINDERN. VENERE REIS ENTHÄLT BESONDERS VIELE NÄHRSTOFFE UND IST REICH AN SPURENELEMENTEN. UND VENERE REIS WIRD NATÜRLICH IN EUROPA ANGEBAUT.

GEFÜLLTE PAPRIKA IM RUCOLANEST

ZUTATEN FÜR 3-4 PERSONEN:

100 g Naturreis aus Italien (entspricht ca. 1 Tasse)
3-4 Paprikaschoten (grün/gelb/rot)
2 Knoblauchzehen
2 Zwiebeln
400 g Bio-Rinderhackfleisch
2 Eier
2 Esslöffel Tomatenmark
Frischer Rosmarin
2 Gläser gestückelte Tomaten
Frische Petersilie
250 g Rucola
2 Esslöffel Essig
2 Esslöffel Olivenöl

BACKOFEN AUF 180° VORHEIZEN

TIPP: ANSTATT EINES BRÄTERS KÖNNEN SIE AUCH EINE AUFLAUFFORM ODER EINEN OFENGEEIGNETEN TOPF NEHMEN

ZUBEREITUNG:

SCHRITT

1 Eine Tasse Reis mit der doppelten Menge leicht gesalzenem Wasser in einem Topf mit geschlossenem Deckel aufkochen. Bei schwacher Hitze je nach Sorte (Verpackungshinweise beachten) 20-35 Minuten köcheln lassen, bis das Wasser aufgesogen ist. Den Reis in einem Sieb abgießen und abtropfen lassen.

2 Bei den Paprikaschoten die Deckel vorsichtig abschneiden und die weißen Fasern und Kerne entfernen. Anschließend Paprikas und Deckel waschen und abtrocknen. Zwiebeln und Knoblauch schälen und in Würfel schneiden. Die Petersilie fein hacken und mit dem Hackfleisch, einer Zwiebel, einem Knoblauch, gekochtem Reis, Salz, Pfeffer und einem Löffel Tomatenmark in einer Schüssel verkneten. Die Füllung gleichmäßig in den Paprikaschoten verteilen.

3 Die übrigen gewürfelten Zwiebeln und Knoblauch mit den gestückelten Tomaten in einen Bräter geben. Mit dem Rosmarin, Salz und Pfeffer würzen. Die gefüllten Paprikaschoten mit Deckel auf die passierten Tomaten setzen. Den Bräter zudecken und im Ofen für eine Stunde garen.

4 Die gefüllten Paprika und das Tomatenragout auf großen Tellern verteilen und den Rucola um die Paprika verteilen. Mit ein wenig Essig und Öl verfeinern und genießen.

SPITZKOHL MIT HEILBUTT UND BÄRLAUCHPESTO

ZUTATEN FÜR 2 PERSONEN:

1 Spitzkohl
2 EL Olivenöl
2 Heilbutfilets à 125-150 g
Salz
Pfeffer

BÄRLAUCHPESTO:
1 Bund frischer Bärlauch
1 EL Haselnüsse (geröstet & gehäutet)
1 Knoblauchzehe
30 g Pecorino
4 EL Olivenöl
Pfeffer
Salz

BACKOFEN AUF 180° VORHEIZEN

TIPP: WENN SIE DIE HÄLFTE DES BÄRLAUCHS DURCH PETERSILIE ERSETZEN, WIRD DER GESCHMACK DEUTLICH MILDER UND WENIGER SCHARF.

ZUBEREITUNG:

SCHRITT

1. Den Spitzkohl vierteln und in eine mit Öl ausgestrichene Auflaufform geben. Den Spitzkohl mit etwas Öl einpinseln und mit Salz und Pfeffer würzen.

2. Den Spitzkohl in den Ofen geben. Währenddessen den Fisch waschen, trocken tupfen ebenfalls mit etwas Öl einpinseln und mit Salz und Pfeffer würzen. 10 Min nach Backbeginn des Spitzkohls den Heilbutt mit in die Auflaufform geben und für weitere 15 min mitbacken.

3. In der Zwischenzeit das Haselnuss-Bärlauch-Pesto vorbereiten. Die Bärlauchblätter waschen, von den Stielen befreien und abtrocknen. Den Pecorino (bis auf ein kleines Stückchen, das übrig bleiben sollte), Knoblauch, Bärlauch, Haselnüsse, Olivenöl, Salz und Pfeffer in einem hohen Gefäß mit einem Pürierstab fein pürieren.

4. 5 Minuten vor Ende der Garzeit das Pesto und den restlichen Pecorino über den Fisch und Spitzkohl im Ofen verteilen. Am Ende der Garzeit mit Bärlauch garnieren und genießen.

GRÜNER SPARGEL MIT RÄUCHERTOFU UND DINKEL-SPAGHETTI

ZUTATEN FÜR 2 PERSONEN:

500 g grüner Spargel
250 g Dinkel-Spaghetti
2 EL Olivenöl
Salz
Pfeffer
300 g Räuchertofu

BASILIKUMPESTO:
1 Topf frisches Basilikum
1 EL Walnusshälften
1 Knoblauchzehe
30 g Parmeggiano
6 EL Olivenöl
Pfeffer
Salz

BACKOFEN AUF 180° VORHEIZEN

ZUBEREITUNG:

SCHRITT

1. Grünen Spargel und den in Dreiecke geschnittenen Räuchertofu in eine mit Öl ausgestrichene Auflaufform geben. Grünen Spargel und Räuchertofu mit etwas Öl beträufeln und einpinseln. Mit Salz und Pfeffer würzen.

2. Die Auflaufform in den Ofen geben und circa 20 Minuten auf mittlerer Schiene garen. Nachdem der grüne Spargel und der Räuchertofu im Ofen sind, Wasser aufsetzen, salzen und warten, bis das Wasser kocht. Dinkel-Spaghetti 10 Minuten vor Ende der Garzeit des Spargels in das kochende Wasser geben.

3. Währenddessen das Basilikum-Walnuss-Pesto vorbereiten. Die Basilikumblätter waschen, von den Stielen befreien und abtrocknen. Den Parmeggiano (bis auf ein kleines Stückchen, das übrig bleiben sollte), Knoblauch, Basilikum, Walnüsse, Olivenöl, Salz und Pfeffer in einem hohen Gefäß mit einem Pürierstab fein pürieren.

4. 5 Minuten vor Ende der Garzeit einen kleinen Teil des Pestos und etwas Parmeggiano über den grünen Spargel und dem Räuchertofu im Ofen verteilen. Am Ende der Garzeit den grünen Spargel und den Räuchertofu aus dem Ofen nehmen. Die Dinkel-Spaghetti in einem Nudelsieb abschütten und anschließend mit dem Rest des Pestos vermengen und mit grünem Spargel und Räuchertofu anrichten.

TIPP: VARIIEREN SIE BEI DER PESTO-HERSTELLUNG DIE MENGEN VON KRÄUTERN, ÖL UND KÄSE UND FINDEN SIE IHRE LIEBLINGSKONSISTENZ.

ABENDBROTMODUL

DAS ANTI-STRESS-ABENDBROT

SCHRITT 1 HOCHWERTIGES VOLLKORN-NATURSAUERTEIG-BROT AUSWÄHLEN

SCHRITT 2 PROTEINQUELLE UND ZUBEREITUNGSART AUSWÄHLEN

SCHRITT 3 SAISONALES UND REGIONALES GEMÜSE AUSWÄHLEN

SCHRITT 4 SAISONALE UND REGIONALE TOPPINGS ODER KRÄUTER AUSWÄHLEN

HOCHWERTIGE VOLLKORN-NATUR-SAUERTEIG-BROT	PROTEIN-QUELLE	SAISONALES & REGIONALES GEMÜSE	SAISONALE & REGIONALE TOPPINGS ODER KRÄUTER
ROGGEN-VOLLKORN-BROT	HÜTTENKÄSE	STAUDENSELLERIE	LEINÖL
DINKEL-VOLLKORN-BROT	SOJAJOGHURT	RADIESCHEN	DILL
WEIZEN-ROGGEN-VOLLKORN-BROT	GERÄUCHERTER FISCH	RETTICH	PETERSILIE
…	EIVARIATIONEN	SALATE	HONIG-SENF-DRESSING
	KRÄUTERQUARK	KAROTTEN	SCHNITTLAUCH
	MOZZARELLA	PASTINAKEN	WALNÜSSE
	SCHAFSKÄSE	PILZE	HASELNÜSSE
	GEBRATENER TOFU	OFENGEMÜSE	SELBSTGEMACHTES PESTO

ABENDBROTVARIANTE FRÜHLING

ZUTATEN FÜR 2 PERSONEN:

4 Scheiben Vollkorn-Natursauerteig-Brot
250 g Hüttenfrischkäse
Ein Stück frischer Rettich
Radieschen
Staudensellerie
250 g geräuchertes Forellenfilet
Frischer Dill
Salz
Pfeffer

ZUBEREITUNG:

SCHRITT

1. Das Brot in circa 1 cm breite Scheiben schneiden und die Brotscheiben auf Tellern anrichten.
2. Den Hüttenfrischkäse gleichmäßig auf den Brotscheiben verteilen.
3. Das Gemüse waschen und abtupfen. Den Rettich schälen und mit einer Reibe über den Hüttenfrischkäse raspeln. Die Radieschen in Hälften und die Staudensellerie in Sticks schneiden. Beides auf dem Teller verteilen.
4. Zum Schluss das geräucherte Forellenfilet auf den Hüttenkäse legen und mit Dill, Salz und Pfeffer verfeinern.

TIPP: MITTLERWEILE GIBT ES BEI VIELEN BÄCKERN GESUNDE EIWEISSBROTE. SO KÖNNEN DIE ABENDBROTVARIANTEN AUCH ALS WEITERE FRÜHSTÜCKSALTERNATIVEN GENUTZT WERDEN.

ABENDBROTVARIANTE SOMMER

ZUTATEN FÜR 2 PERSONEN:

4 Scheiben Vollkorn-Natursauerteig-Brot
4 Tomaten
250 g Mozzarella
Frisches Basilikum
Salz
Pfeffer
1 Esslöffel Olivenöl
1 Esslöffel Balsamico

ZUBEREITUNG:

SCHRITT

1. Das Brot in circa 1 cm breite Scheiben schneiden und die Brotscheiben auf Tellern anrichten.
2. Den Mozarella gut abtropfen lassen und in Scheiben schneiden. Die Tomaten waschen, Stielansätze entfernen und in Scheiben schneiden.
3. Die Tomaten und den Mozzarella gleichmäßig auf den Brotscheiben verteilen.
4. Die Abendbrotvariation zum Schluss mit Basilikumblättern, Olivenöl, Balsamico, Salz, Pfeffer und optional mit Pesto (siehe Anti-Stress-Ofenrezepte) verfeinern.

TIPP: LEGEN SIE SICH EINEN PESTO-VORRAT AN UND FRIEREN SIE KLEINE PORTIONEN DAVON IN EINEM EISWÜRFELBEHÄLTER EIN. SO HABEN SIE SCHNELL, EINFACH UND JEDERZEIT IHR LIEBLINGSPESTO PARAT.

ABENDBROTVARIANTE HERBST

ZUTATEN FÜR 2 PERSONEN:

4 Scheiben Vollkorn-Natursauerteig-Brot
150 g Feldsalat
150 g Pilze (Steinpilze, Champignons …)
Frische Petersilie
4 Bio-Eier
Salz
Pfeffer
2 Esslöffel Raps- oder Albaöl
1 Esslöffel Apfelessig
1 Teelöffel Senf
1 Teelöffel Honig

ZUBEREITUNG:

SCHRITT

1. Das Brot in circa 1 cm breite Scheiben schneiden und die Brotscheiben auf Tellern anrichten. In einem Schüsselchen aus Öl, Essig, Salz, Pfeffer, Senf und Honig ein Dressing zusammenrühren.
2. Feldsalat waschen, trocken schleudern und auf die Brotscheiben verteilen. Die Pilze vorsichtig mit einer Bürste sauber machen und in mundgerechte Stücke schneiden. Die Petersilie hacken.
3. In einer Pfanne die zwei Spiegeleier bei mittlerer Temperatur braten und zeitgleich die Pilze mit anbraten. Sobald die gewünschte Garstufe erreicht ist, die Spiegeleier und Pilze auf den Brotscheiben verteilen.
4. Die Abendbrotvariation zum Schluss mit dem selbstgemachten Dressing überträufeln und mit der gehackten Petersilie verfeinern.

ABENDBROTVARIANTE WINTER

ZUTATEN FÜR 2 PERSONEN:

4 Scheiben Vollkorn-Natursauerteig-Brot
250 g Sojajoghurt
4 Karotten
Frischer Schnittlauch
Knoblauch
Salz
Pfeffer
1 Teelöffel Leinöl

ZUBEREITUNG:

SCHRITT

1. Das Brot in circa 2 cm breite Scheiben und anschließend in Sticks schneiden.
2. Die Karotten entweder geschält oder mit Schale in Sticks schneiden. Den Sojajoghurt auf zwei Schälchen verteilen.
3. Den Knoblauch schälen und in feine Würfel schneiden oder durch eine Knoblauchpresse drücken. Den Schnittlauch fein hacken und gemeinsam mit dem Knoblauch und dem Leinöl in den Sojajoghurt einrühren.
4. Die Schüsselchen mit dem Sojajoghurt zum Schluss auf einem Teller mit den Brot- und Karottensticks anrichten und genießen.

DIE ANTI-STRESS-SUPPEN

SCHRITT 1 SAISONALES UND REGIONALES GEMÜSE AUSWÄHLEN

SCHRITT 2 PROTEINQUELLE UND ZUBEREITUNGSART AUSWÄHLEN

SCHRITT 3 SAISONALE UND REGIONALE TOPPINGS ODER KRÄUTER AUSWÄHLEN

SCHRITT 4 OPTIONAL AM ABEND HOCHWERTIGE KOHLENHYDRATE ERGÄNZEN

SAISONALES & REGIONALES GEMÜSE	PROTEIN-QUELLE	SAISONALE & REGIONALE TOPPINGS ODER KRÄUTER	AM ABEND OPTIONALE HOCHWERTIGE KOHLENYDRATBEILAGE
TOMATEN	HÜTTENKÄSE	KÜRBISKERNE	KARTOFFELN
ROTE BEETE	TOFU	LEINÖL	VOLLKORN-NATURSAUER-TEIG-BROT
KÜRBIS	GARNELEN	HASELNÜSSE	VENERE REIS
BROKKOLI	HÜHNCHEN	PISTAZIEN	
PASTINAKEN		SCHNITTLAUCH	
BLUMENKOHL		WALNÜSSE	
		HASELNÜSSE	
		PINIENKERNE	

TOMATENSUPPE MIT HÜTTENKÄSE UND GERÖSTETEN PINIENKERNEN

ZUTATEN FÜR 2 PERSONEN:

500 g reife Tomaten oder gestückelte Tomaten aus dem Glas
1 Esslöffel Olivenöl
1 Esslöffel Balsamico
1 Knoblauchzehe
Mittelgroße Zwiebel
2 Esslöffel Tomatenmark
250 g Hüttenkäse
Pfeffer
Salz
Bund frisches Basilikum
1 Esslöffel Pinienkerne

ZUBEREITUNG:

SCHRITT

1 Die Zwiebel und den Knoblauch schälen und fein hacken. Die frischen Tomaten waschen, grünen Stilansatz entfernen und in Würfel schneiden.

2 Zwiebeln und Knoblauch in einem Topf mit Öl auf mittlerer Hitze andünsten. Tomatenmark dazugeben, unter die Zwiebeln und den Knoblauch rühren und mit dem Balsamico ablöschen.

3 Die Tomaten in den Topf geben, mit Salz, Pfeffer und der Hälfte des Basilikums würzen und für circa 25 Minuten köcheln lassen, bis sie weich sind. Gestückelte Tomaten aus dem Glas können einfach hinzugegeben und erhitzt werden. Aromatischer wird die Suppe aber auch hier mit einer gewissen Kochzeit.

4 Die Pinienkerne kurz in einer Pfanne ohne Öl anrösten. Die Tomatensuppe mit einem Standmixer oder einem Stabmixer fein pürieren und anschließend auf die Teller verteilen. Den Hüttenkäse mit Teelöffeln in kleinen Portionen als Nocken in die Mitte der Suppe geben und mit Basilikum, Salz und Pfeffer verfeinern.

BROKKOLISUPPE MIT HUHN UND GERÖSTETEN PISTAZIEN

ZUTATEN FÜR 2 PERSONEN:

1 Brokkoli
3 kleine Kartoffeln (optional für Abends)
2 Esslöffel (pflanzliche) Sahne
1 Zwiebel
1 Knoblauchzehe
1 Teelöffel Hefeflocken
Salz
Pfeffer
750 ml Gemüsebrühe
Frische Petersilie
1 Esslöffel geschälte Pistazien
200 g Hähnchengeschnetzeltes

ZUBEREITUNG:

SCHRITT

1. Die Zwiebel und den Knoblauch schälen und fein hacken. Den Brokkoli und die Kartoffeln waschen. Den Brokkoli in Röschen schneiden. Die Kartoffeln schälen und in Würfel schneiden.
2. Zwiebeln und Knoblauch in einem Topf mit Öl auf mittlerer Hitze andünsten. Rohen Brokkoli und optional Kartoffeln dazugeben und für drei Minuten mitandünsten.
3. Die Gemüsebrühe in den Topf geben, mit Salz, Pfeffer und der Hälfte der Petersilie würzen und für circa 25 Minuten köcheln lassen, bis der Brokkoli und die Kartoffeln weich sind. Sobald Sie merken, dass der Brokkoli und die Kartoffeln weich sind, die Brokkolisuppe mit einem Standmixer oder einem Stabmixer fein pürieren. Die Sahne dazugeben und nochmals kurz mixen.
4. Das Hähnchengeschnetzelte mit etwas Öl in einer Pfanne erhitzen und darin bei starker Hitze unter regelmäßigem Wenden etwa 5 Minuten braten. Die letzten zwei Minuten die Pistazien mit anrösten. Mit Salz und Pfeffer würzen und im Anschluss auf Tellern mit der Brokkolisuppe anrichten. Mit den gerösteten Pistazien, Hefeflocken und Petersilie verfeinern.

Rote-Beete-Suppe mit gebratenem Tofu und gerösteten Haselnüssen

ZUTATEN FÜR 2 PERSONEN:

1 Zwiebel
1 Knoblauchzehe
3 kleine Kartoffeln (optional für abends)
1 Esslöffel Haselnüsse gehackt
3 frische, mittelgroße Rote Beete oder optional 500 g vakummierte Rote Bete
2 EL Olivenöl
Salz, Pfeffer
750 ml Gemüsebrühe
1 Teelöffel Tafelmeerrettich
Kresse
Rote-Beete-Sprossen
2 EL (pflanzliche) Sahne
200 g Tofu

ZUBEREITUNG:

SCHRITT

1. Die Zwiebeln und den Knoblauch schälen und fein hacken. Die Rote Beete und die Kartoffeln waschen und schälen. Rote Beete und Kartoffeln in Würfel schneiden.

2. Zwiebeln und Knoblauch in einem Topf mit Öl auf mittlerer Hitze andünsten. Rote Beete und optional Kartoffeln dazugeben und für drei Minuten mitandünsten.

3. Die Gemüsebrühe in den Topf geben, mit Salz, Pfeffer würzen und für circa 25 Minuten köcheln lassen bis die Rote Beete und die Kartoffeln weich sind. Sobald Sie merken, dass die Rote Beete und die Kartoffeln weich sind, die Suppe mit einem Standmixer oder einem Stabmixer fein pürieren. Die Sahne und den Tafelmeerrettich dazugeben und nochmals kurz mixen.

4. Den Tofu mit etwas Öl in einer Pfanne erhitzen und darin bei starker Hitze unter regelmäßigem Wenden etwa 5 Minuten anbraten. Die letzten zwei Minuten die Haselnüsse mit anrösten. Mit Salz und Pfeffer würzen und im Anschluss auf Tellern mit der Rote-Beete-Suppe anrichten. Mit den gerösteten Haselnüssen, Kresse und Rote-Beete-Sprossen verfeinern.

Kürbissuppe mit Garnelen und Kürbiskernen

ZUTATEN FÜR 2 PERSONEN:

1 Zwiebel
1 Knoblauchzehe
1 Hokkaido Kürbis
2 EL Olivenöl
Salz, Pfeffer
750 ml Gemüsebrühe
Apfelessig
Kürbiskerne
2 EL (pflanzliche) Sahne
4 Riesengarnelen
Schnittlauch

ZUBEREITUNG:

SCHRITT

1. Die Zwiebel und den Knoblauch schälen und fein hacken. Den Kürbis halbieren, aushöhlen und in daumengroße Stücke schneiden. Die Kürbiskerne grob hacken.

2. Zwiebeln und Knoblauch in einem Topf mit Öl auf mittlerer Hitze andünsten. Den Kürbis dazugeben und für drei Minuten mitandünsten. Im Anschluss mit Essig ablöschen.

3. Die Gemüsebrühe in den Topf geben, mit Salz, Pfeffer würzen und für circa 25 Minuten köcheln lassen, bis der Kürbis weich ist. Sobald Sie merken, dass der Kürbis weich ist, die Suppe mit einem Standmixer oder einem Stabmixer fein pürieren. Die Sahne dazugeben und nochmals kurz mixen.

4. Die Riesengarnelen mit etwas Öl in einer Pfanne erhitzen und darin bei starker Hitze unter regelmäßigem Wenden etwa 5 Minuten anbraten. Die letzten zwei Minuten die Kürbiskerne mit anrösten. Mit Salz und Pfeffer würzen und im Anschluss auf Tellern mit der Kürbissuppe anrichten. Mit den gerösteten Kürbiskernen und Schnittlauch verfeinern.

DIE ANTI-STRESS-BOWL

WIE GELINGT UNS SCHNELL UND EINFACH EINE LECKERE BOWL?

SCHRITT 1

SAURES OBST ODER HERBST-/WINTER-GEMÜSE AUSWÄHLEN

Z. B. BROMBEERE, RADICCHIO, OFENGEMÜSE, ZUCCHINI

SCHRITT 2

PROTEINE AUSWÄHLEN

Z. B. SCHAFSKÄSE, ERBSEN, TOFU, LINSEN, FLEISCH

SCHRITT 3

HOCHWERTIGE KOHLENHYDRATE AUSWÄHLEN

OPTIONAL AM ABEND

Z. B. SCHWARZER REIS, DINKELVOLLKORN-NUDELN, VOLLKORN-SAUERTEIG-BROT

SCHRITT 4

LECKERES DRESSING ZUSAMMEN-RÜHREN

Z. B. HONIG-SENF, JOGHURT, OLIVENÖL, APFELESSIG

REGIONALE SUPERFOOD-TOPPINGS AUSWÄHLEN

Z. B. FRISCHE KRÄUTER, SONNENBLUMENKERNE, LEINSAMEN

TIPP: LASSEN SIE IHRER KREATIVITÄT FREIEN LAUF UND FINDEN SIE IHRE LIEBLINGS-ANTI-STRESS-BOWL!

DIE ANTI-STRESS-SNACKS

Genießen Sie an besonders nervenaufreibenden Tagen einen gesunden Anti-Stress-Snack. Meine Empfehlung: Essen Sie den Anti-Stress-Snack am Abend, um Ihre Stresshormone und Ihr Nervensystem zu beruhigen. Die gesunden Kohlenhydrate in den Snacks sorgen für eine kleinen Serotonin-Glücksgefühl-Ausschüttung und helfen Ihnen dabei den beruhigenden Teil des Nervensystems zu aktivieren. Setzen Sie die Anti-Stress-Snacks jedoch wohldosiert ein.

REGIONALE TOPPINGS
CYLON-ZIMT
SAURES OBST
70% ZARTBITTER-SCHOKOLADE

BRATAPFEL MIT ZARTBITTERSCHOKOLADE

ZUTATEN FÜR 2 PERSONEN:

2 Äpfel
1 Rippe Zartbitterschokolade (mind. 70 % Kakao)
2 Teelöffel Granola
Zimt

ZUBEREITUNG:

SCHRITT

1. Den Ofen auf 200 ° aufheizen.
2. Die Äpfel waschen, halbieren und die Kerngehäuse mit einem kleinen Messer herausschneiden.
3. Die Apfelhälften in eine Auflaufform geben und mit der Zartbitterschokolade füllen.
4. Die Bratäpfel für circa 45 Minuten im Ofen garen und anschließend mit Zimt und Granola anrichten.

SELBSTGEMACHTES BEERENEIS

ZUTATEN FÜR 2 PERSONEN:

150 g Tiefkühlbeeren
100 g Joghurt
Optional 1 Esslöffel Honig

ZUBEREITUNG:

SCHRITT

1. Die Beeren und den Joghurt in einen Mixer geben.
2. Solange mixen, bis das Eis glatt püriert ist.
3. Abschmecken und bei Bedarf etwas Honig dazugeben und nochmals kurz mixen.
4. Das Beereneis entweder direkt genießen oder in eine Frischhaltebox in der Tiefkühltruhe einfrieren und zu einem späteren Zeitpunkt genießen.

MILCHREIS MIT HAFERMILCH UND SAUERKIRSCHEN

ZUTATEN FÜR 2 PERSONEN:

1 Tasse Milchreis
700 ml Hafermilch
½ Teelöffel Zimt
½ Teelöffel Zucker

ZUBEREITUNG:

SCHRITT

1. Den Milchreis in einem Topf bei mittlerer Hitze in die Hafermilch einrühren und zum Kochen bringen. Nach dem Aufkochen den Milchreis auf kleiner Flamme circa 30 Minuten ziehen lassen, bis er weich genug ist und eine cremige Konsistenz hat.
2. Die Sauerkirschen abtropfen lassen und einem kleinen Topf erhitzen. Optional können die Sauerkirschen auch kalt auf den Milchreis gegeben werden.
3. Den Milchreis auf zwei Schüsselchen verteilen und die Sauerkirschen dazugeben.
4. Mit ein wenig Zimt und Zucker verfeinern und genießen.

PORRIDGE HAFERMILCH UND APRIKOSEN

ZUTATEN FÜR 2 PERSONEN:

80 g Haferflocken (entspricht circa einer Tasse)
250 g Hafermilch (entspricht circa zwei Tassen)
1-2 Aprikosen
1 Teelöffel Kürbiskerne
1 Teelöffel Dinkelflocken
1 Teelöffel Honig

ZUBEREITUNG:

SCHRITT

1. Die Aprikose waschen, entkernen und in Stücke schneiden.
2. Die Hafermilch und die Haferflocken in einen Topf geben und auf mittlerer Stufe aufkochen lassen. Dabei immer wieder umrühren.
3. Den Haferbrei (Porridge) auf zwei Schälchen verteilen.
4. Porridge mit Aprikosen, Kürbiskernen, Dinkelflocken und Honig garnieren und genießen.

NEHMEN SIE ALS VEGANE ALTERNATIVE EINFACH ZUCKERRÜBENSIRUP STATT DES HONIGS.

ANHANG

1. DAS ANTI-STRESS-REZEPTE-VERZEICHNIS

2. LITERATURVERZEICHNIS

Die im Text erwähnten Studien werden hier nach aufsteigender Seitenzahl gelistet.

S. 17:

- Pronova BKK. (2018). Studie *„Betriebliches Gesundheitsmanagement 2018“*. Zugriff am 10.10.2020 unter: https://www.pronovabkk.de/media/downloads/presse_studien/studie_bgm_2018/pronovaBKK_BGM_Studie2018.pdf
- Techniker Krankenkasse (2016). *Entspann dich dich, Deutschland.* TK-Stressstudie 2016. Zugriff am 10.10.2020 unter: https://www.tk.de/resource/blob/2026630/9154e4c71766c410dc859916aa798217/tk-stressstudie-2016-data.pdf
- World Health Organization (Hrsg.). (2007). *The world health report 2007: a safer future: Global public health security in the 21st century.* Zugriff am 10.10.2020 unter: http://www.who.int/whr/2007/whr07_en.pdf?ua=1.
- Rosa, H. (2014). *Beschleunigung und Entfremdung. Entwurf einer Kritischen Theorie spätmoderner Zeitlichkeit.* Berlin: Suhrkamp.

S. 23:

- Befragung der mhplus Krankenkasse und der SDK Süddeutsche Krankenversicherung a.G. zum Thema *"Gesundes Homeoffice"*. Zugriff am 10.10.2020 unter: https://www.mhplus-krankenkasse.de/fileadmin/data/5_unternehmen/3_presse-medien/1_presse/Studie_gesundes_Homeoffice.pdf

S. 24:

- Zentralinstitut für Seelische Gesundheit. *Online-Befragung zur Veränderung unter anderem der Alkohol- und Tabakkonsumgewohnheiten in der Allgemeinbevölkerung während des Lockdowns.* Zugriff am 10.10.2020 unter: https://www.aerzteblatt.de/archiv/214451/Alkohol-und-Rauchen-Die-COVID-19-Pandemie-als-idealer-Naehrboden-fuer-Suechte
- Lebensmittelzeitung (2020). *Tiefkühlpizza boomt in Corona-Krise.* Zugriff am 10.10.2020 unter: https://www.lebensmittelzeitung.net/industrie/Rekordjahr-erwartet-Tiefkuehlpizza-boomt-in-Corona-Krise-148553?crefresh=1

S.33:

- Dr. Amy Cuddy: *Studienergebnisse zum Thema Körperhaltung: Association for Psychological Science* (2010) *Power Posing: Brief Nonverbal. Displays Affect Neuroendocrine Levels and Risk Tolerance.* Zugriff am 10.10.2020 unter: http://faculty.haas.berkeley.edu/dana_carney/power.poses.PS.2010.pdf.
- DGE. Deutsche Gesellschaft für Ernährung e. V. Die Deutschen werden immer dicker. Zugriff am 10.10.2020 unter: https://www.dge.de/presse/pm/die-deutschen-werden-immer-dicker

S. 56:

- BVDF - Bundesverband der Deutschen Fleischwarenindustrie e.V. *Fleischverzehr je Kopf der Bevölkerung.* Zugriff am 10.10.2020 unter: https://www.bvdf.de/in-zahlen/tab-05
- Deutsche Gesellschaft für Innere Medizin. *Internisten weisen auf Muskelabbau im Alter hin.* Zugriff am 10.10.2020 unter: https://www.aerzteblatt.de/nachrichten/80634/Internisten-weisen-auf-Muskelabbau-im-Alter-hin

S. 58:

- Deutsche Hauptstelle für Suchtfragen. *Jahrbuch Sucht 2018.* Zugriff am 10.10.2020 unter: https://www.dhs.de/suechte/alkohol/zahlen-daten-fakten

3. BILDNACHWEIS

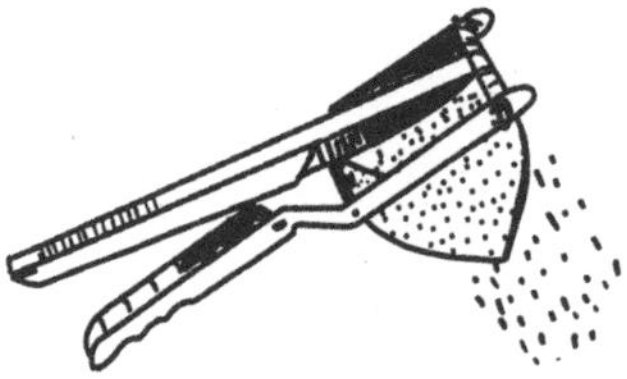

IDEE, TEXT UND REZEPTE:
DAVID MACKE, WWW.DAVIDMACKE.DE

LEKTORAT:
DR. IRMGARD JAEGER

FOTOGRAFIE:
KATRIN WINNER

GESTALTUNGSKONZEPT:
CAROLA PLAPPERT, WWW.CAROPLA.DE

GESTALTUNG UND ILLUSTRATION:
CAROLA PLAPPERT,
MARTINA VIERTHALER

BILDBEARBEITUNG:
KATRIN WINNER

BEARBEITUNG INNENLAYOUT UND SATZFAHNE:
SANNAH INDERELST